RACONTE-MOI

CÉLINE DION

La collection Raconte-moi *est une idée originale*
de Louise Gaudreault et de Réjean Tremblay.

Éditrice-conseil : Louise Gaudreault
Mentor : Réjean Tremblay
Coordination éditoriale : Pascale Mongeon
Direction artistique : Julien Rodrigue
   et Roxane Vaillant
Illustrations : François Couture
Design graphique : Christine Hébert
Infographie : Chantal Landry
Correction : Odile Dallaserra

DISTRIBUTEUR EXCLUSIF :

Pour le Canada et les États-Unis :
MESSAGERIES ADP inc.*
2315, rue de la Province
Longueuil, Québec J4G 1G4
Téléphone : 450-640-1237
Télécopieur : 450-674-6237
Internet : www.messageries-adp.com
* filiale du Groupe Sogides inc.,
   filiale de Québecor Média inc.

Données de catalogage disponibles
auprès de Bibliothèque et
Archives nationales du Québec

03-16
Imprimé au Canada

Dépôt légal : 2016
Bibliothèque et Archives nationales
du Québec

ISBN 978-2-89754-000-5

Gouvernement du Québec – Programme de crédit
d'impôt pour l'édition de livres – Gestion SODEC –
www.sodec.gouv.qc.ca

L'Éditeur bénéficie du soutien de la Société de
développement des entreprises culturelles du
Québec pour son programme d'édition.

 Conseil des Arts   Canada Council
du Canada   for the Arts

Nous remercions le Conseil des Arts du Canada de
l'aide accordée à notre programme de publication.

Nous reconnaissons l'aide financière du
gouvernement du Canada par l'entremise du Fonds
du livre du Canada pour nos activités d'édition.

Patrick Delisle-Crevier

RACONTE-MOI
CÉLINE DION

petit homme
Une société de Québecor Média

PRÉAMBULE

Elle est l'enfant chérie du Québec, la reine de Las Vegas, et elle est considérée par plusieurs comme la plus grande chanteuse de la planète.

On ne compte plus les statuettes et les prix qu'elle a récoltés, autant au Québec que partout dans le monde. Il faudrait un gymnase d'école pour contenir en un seul endroit toutes les récompenses qu'elle a reçues. Elle a même son étoile sur le célèbre trottoir *Walk of Fame* à Hollywood. Bref, tout ce que touche Céline Dion se transforme en or.

Depuis son plus jeune âge, Céline baigne dans la musique. Son père, Adhémar, a toujours joué de l'accordéon. Sa mère, Thérèse, joue du violon et du piano. Et chacun de ses 13 frères et sœurs joue d'un instrument et chante.

Chez les Dion, jadis, les soirées finissaient souvent par une grande fête musicale dans le salon de la résidence familiale. Peu à peu, on s'est rendu compte que la cadette du clan, qui n'était alors âgée que de quelques mois, était sensible à la musique, particulièrement à certaines notes en voix de tête. Ces sonorités plus aiguës pouvaient même la faire pleurer.

Dès qu'elle est en mesure de se tenir debout, la petite Céline prend l'espace de la table de la cuisine ou de la table du salon pour les transformer en scènes. C'est là qu'elle va recevoir ses premières ovations devant un public, disons-le, conquis d'avance.

Céline chante pour la première fois seule sur une scène au mariage de son frère Michel. C'est le 18 août 1973, et elle a à peine 4 ans. Elle est toute petite et si délicate dans sa petite robe blanche à fleurs bleues !

Lorsque vient le temps de chanter, Céline est pétrifiée : elle n'a pas l'habitude de se donner en spectacle devant tant de monde. Impossible pour elle de chanter la moindre note de la chanson

Mamy Blue, un titre populaire à l'époque, qu'interprétait la chanteuse européenne Nicoletta.

Sa mère, près d'elle, l'encourage à grands coups de « Vas-y, mon bébé ! Vas-y, c'est à toi ! » Céline hésite, elle ressent le trac pour la première fois. Elle lance sa première note, puis la deuxième, et elle entonne la chanson.

À la fin, un tonnerre d'applaudissements se fait entendre. Céline a alors la piqûre, elle ne veut plus quitter la scène. Elle interprète finalement trois chansons plutôt qu'une, sous les regards amusés et conquis de la centaine de convives.

Ce soir-là, le rêve de devenir la plus grande chanteuse du monde s'imprime dans le cœur de la petite fille. Aidée de sa mère Thérèse et plus tard de son imprésario, René Angélil, elle va tout faire pour y arriver. Rien ne pourra empêcher la petite fille de Charlemagne de devenir la plus grande chanteuse de la planète.

THÉRÈSE ET ADHÉMAR

Thérèse Tanguay et Adhémar Dion sont tous les deux originaires de la Gaspésie, une péninsule du centre-est du Québec entourée des eaux du golfe du Saint-Laurent. Thérèse est née dans le village de Saint-Bernard-des-Lacs, dans l'arrière-pays, et Adhémar est originaire des Méchins, un village de la côte.

Pourtant, ils sont bien loin de leur région natale lorsqu'ils se rencontrent pour la première fois. Ils vivent alors à La Tuque, en Mauricie. À l'époque, plusieurs familles ouvrières gaspésiennes s'exilent dans d'autres régions du Québec pour trouver du travail. C'est là que les familles Tanguay et Dion font plus amplement connaissance.

Par un jour d'août 1944, Henry, le frère de Thérèse, rencontre Adhémar dans l'autobus des travailleurs de l'Aluminum Company of Canada. Chacun est heureux de croiser un visage familier à des kilomètres de chez lui.

Ils échangent quelques mots, puis, une fois chez lui, Henry s'empresse de dire à son père qu'il a vu le fils Dion dans l'autobus. Le père Tanguay, nostalgique de la Gaspésie, décide que sa famille rendra visite à ces gens qu'il connaît assez bien et chez qui la musique et la fête sont souvent à l'honneur.

«Thérèse, sors ton violon!» lance-t-il à sa fille qui est alors aide-infirmière dans un hôpital. À l'époque, les divertissements sont plutôt rares dans le milieu ouvrier, et Thérèse est plus qu'heureuse de pouvoir sortir son violon pour cette soirée improvisée.

Ce soir-là, Thérèse et Adhémar font connaissance. Le jeune homme, habile musicien, manie l'accordéon comme pas un. Thérèse prend d'ailleurs un malin plaisir à l'accompagner de son violon toute la soirée. Autour d'eux, la famille en entier chante, danse et rigole.

Après la veillée, la jeune femme rentre chez elle, le cœur léger. Elle n'est pas restée insensible aux charmes et au talent musical d'Adhémar, et il semble que ce soit réciproque.

Les deux jeunes se fréquentent durant les mois qui suivent, jusqu'au jour où Adhémar décide de prendre un emploi sur le chantier hydroélectrique de Rapide-Blanc pour aider sa famille. Thérèse passera de longs mois sans voir l'homme qu'elle aime. Mais elle est prête à l'attendre.

Le 20 juin 1945, le couple se marie. Thérèse a 18 ans et Adhémar, 23. L'année suivante, leur premier enfant voit le jour, Denise. Viendront ensuite Clément, Claudette, Liette, Michel... À chaque année, ou presque, la famille accueille un nouveau membre.

En 1962, Thérèse accouche des jumeaux Paul et Pauline. À ce moment-là, il est clair pour elle que la famille est complète. Elle ne veut plus d'autre enfant. Mais la vie lui réserve encore une surprise. Six ans plus tard, elle est de nouveau enceinte.

Le 30 mars 1968, un quatorzième enfant fait son entrée dans le clan Dion. C'est une petite fille et elle se prénommera Céline.

2

VOICI CÉLINE !

À l'époque, on fait jouer une chanson en boucle à la radio, et c'est l'une des préférées de Thérèse Dion. Cette chanson, intitulée *Céline*, est interprétée par le chanteur français Hugues Aufray dont les 45 tours se vendent alors comme des petits pains chauds, autant au Québec qu'en France. Un 45 tours est un disque de vinyle qui tourne à 45 tours à la minute. C'est en quelque sorte l'ancêtre du disque compact. Il comporte deux faces (A et B). Sur chaque face, une chanson est gravée. On place le disque sur un plateau tournant et on pose un bras muni d'une tête de lecture (une aiguille) sur le sillon en spirale. Thérèse a baptisé sa petite dernière en l'honneur de la chanson d'Aufray.

En 1968, la famille Dion habite à Charlemagne, au numéro 130 de la rue Notre-Dame. C'est une toute petite maison bleue. Elle compte cinq chambres

minuscules (dont les lits occupent pratiquement tout l'espace), une petite cuisine, une petite
salle de bain et un salon où trône un piano, instrument indispensable des soirées enjouées dans
cette famille de musiciens.

Dans la maison, il n'y a ni lave-vaisselle ni chaîne
stéréo. On y trouve à peine quelques meubles,
un petit téléviseur en noir et blanc qui ne capte
que quatre ou cinq chaînes, un téléphone mural
à cadran et cette grande fournaise à l'huile dont
l'odeur nauséabonde se répand dans toute la
maison.

Quelques années auparavant, la famille habitait
une petite maison construite par le clan lui-même.
Après des années de sacrifices, Thérèse et
Adhémar avaient réussi à amasser la somme né-
cessaire à l'achat d'un petit terrain où ils allaient
pouvoir réaliser leur rêve de construire leur propre
maison.

Chaque soir après le souper et les fins de semaine,
le clan planifiait ce projet commun et assemblait

les divers matériaux. Comme les Dion avaient peu d'argent, certains commerçants acceptaient de leur faire crédit, c'est-à-dire qu'ils leur permettaient d'emporter tout de suite ce dont ils avaient besoin et de payer plus tard.

Ils ont tout fait eux-mêmes, y compris les fondations. Thérèse, qui n'a jamais eu peur du «gros ouvrage», aidait son homme et grimpait même aux échelles avec un ou deux madriers entre les mains.

Les Dion ont habité cette maison pendant quelques années, mais elle est devenue rapidement trop petite, car la famille grossissait à un rythme effréné. Adhémar et Thérèse ont dû se résigner à la vendre pour s'installer dans une autre maison, plus spacieuse, quelques rues plus loin.

C'est dans cette autre maison que Céline grandit, entourée de ses huit sœurs et de ses cinq frères. Tous la traitent comme une princesse. D'ailleurs, il n'est pas rare que l'on se dispute, le soir venu, pour la bercer ou lui donner son bain.

La petite Céline est un bébé docile. Elle ne pleure jamais, sauf quand elle est malade. Plus tard, en âge de marcher, elle écoute les consignes et se tient tranquille la plupart du temps.

Dans les lieux publics, elle a habituellement un comportement irréprochable. Il y a bien eu cette fois où, à l'âge de 3 ans, elle a fait une crise de larmes dans un magasin de jouets. Sa mère, qui en a vu d'autres, gère la situation d'une main de maître.

« Écoute, Céline, l'argent ne tombe pas des arbres, et tu as déjà assez de jouets à la maison », lui lance Thérèse sur un ton délicat, mais autoritaire.

Céline continue son petit manège : elle pleure de plus en plus fort et trépigne dans l'allée du grand magasin.

« Céline, tu choisis ! Ou tu restes seule à pleurer, ou tu t'en viens avec nous », dit Thérèse en dirigeant ses pas vers la porte.

Céline voit sa mère s'éloigner peu à peu. Puis, pendant quelques secondes, la fillette est seule dans le magasin. Surprise, elle cesse de pleurer. Thérèse a alors à peine le temps de compter jusqu'à trois que sa petite est accrochée à son genou et la serre très fort.

Il est assez rare que Céline se comporte en enfant gâtée, mais elle n'est pas prête d'oublier la leçon que lui a donnée sa mère ce jour-là.

La famille Dion ne roule pas sur l'or, mais on n'y manque de rien. Le quotidien n'est pas toujours rose et les parents ont parfois de la difficulté à joindre les deux bouts. Mais les problèmes du jour sont oubliés chaque soir, quand le clan se retrouve au salon pour un petit tour de chant.

La maison se remplit de musique et de bonheur. C'est la fête. Adhémar prend son accordéon, Thérèse son violon. Clément, Jacques et Daniel sont à la batterie, à la guitare et au piano. Denise, Claudette, Ghislaine, Liette, Louise et les autres chantent en canon.

Une toute petite mais puissante voix se fait entendre ; c'est celle de Céline. Toute jeune, elle connaît déjà plusieurs chansons par cœur, elle danse et imite la gestuelle de ses chanteuses favorites, Ginette Reno, Barbra Streisand et Mireille Mathieu.

Elle connaît aussi sur le bout des doigts les paroles des chansons de Ginette Reno, sa préférée entre toutes. Devant le grand miroir de la chambre, elle passe des heures à chanter et à imiter les intonations et les gestes de son idole.

Thérèse se rend bien compte que sa petite dernière a un talent particulier et un grand potentiel. Mais elle est encore si jeune ! Elle doit aller à l'école.

École. Céline n'aime pas ce mot. Elle déteste devoir s'y rendre chaque matin. À l'école primaire, Céline est tout le contraire de celle qu'on peut voir dans le salon familial, parmi les siens. Elle est timide, ne parle pas beaucoup et se mêle difficilement aux autres enfants. Elle n'a pratiquement pas d'amis.

En classe, aucune matière ne l'intéresse et elle est constamment dans la lune. Céline ne comprend pas pourquoi elle doit quitter la maison et ses frères et sœurs pour se retrouver en plein milieu d'une cour d'école ou d'une classe avec d'autres enfants. Cela l'ennuie profondément.

Assise à son pupitre, elle somnole pour passer le temps. Elle rêvasse et crée de petits films dans sa tête. Parfois, elle est une missionnaire en Afrique ou une star de cinéma, ou elle donne un spectacle sur la scène d'une grande salle.

À l'âge de 8 ans, elle s'imagine aussi qu'elle est une gymnaste, une championne olympique comme son idole, Nadia Comaneci, à qui elle voue un véritable culte.

Nous sommes en 1976 et les Jeux olympiques se déroulent à Montréal. Le soir du 18 juillet, Céline est rivée devant le téléviseur. Elle regarde Nadia, une gymnaste roumaine qui s'exécute aux barres asymétriques.

L'enfant prodige de 14 ans éblouit les juges et le grand public avec une performance parfaite qui lui vaut la note de 10. C'est la première fois qu'une telle note est attribuée dans toute l'histoire des Jeux olympiques.

Dans son salon, Céline saute partout, sous le regard amusé de ses parents et de quelques-uns de ses frères et sœurs. Ayant peine à contenir sa joie, elle crie haut et fort son bonheur de voir Nadia devenir championne.

Céline admire la force, la détermination et la discipline de Nadia Comaneci qui deviendra son modèle. Dès lors, elle placardera les murs de sa chambre des affiches de sa nouvelle idole.

Le soir où la jeune Roumaine gagne sa première médaille d'or, Céline s'endort en rêvant du jour où elle sera à son tour championne et atteindra les sommets. Dès le lendemain, elle glisse à l'oreille de sa mère qu'elle deviendra un jour une grande chanteuse internationale.

Ses premières performances devant un public (autre que ses proches) auront lieu l'année suivante, alors qu'elle monte sur la scène du Vieux Baril, un resto-bar qu'ont acheté Adhémar et sa fille Claudette. C'est là que tout commence véritablement pour l'enfant. Elle a alors 9 ans.

De temps en temps, sa mère la laisse monter sur scène pour chanter une chanson. Les clients, vite conquis par le charme et la voix de la fillette, en redemandent… au grand plaisir de Céline. Ils réclament telle ou telle chanson en échange de quelques dollars. Céline aime se retrouver sur la scène. Elle prend goût aux applaudissements et, bientôt, ne souhaite plus s'en passer.

Dans les coulisses, Thérèse a bien vu l'étincelle dans les yeux de sa cadette. Un soir, après avoir lavé la vaisselle, elle voit Céline qui joue avec ses poupées à la table de la cuisine. Elle s'assoit à côté d'elle et lui dit :

« Céline, j'ai un projet, un beau projet. Ce projet, c'est toi. Je vais m'occuper de toi et t'aider à com-

mencer ta carrière. Nous allons travailler ensemble et frapper aux bonnes portes. »

À ces paroles, le regard de Céline se met à briller.
Elle enlace sa mère et la serre très fort contre elle.

« Je t'aime, maman !

— Moi aussi, je t'aime, ma petite. »

3

CE N'ÉTAIT QU'UN RÊVE

Malgré la plus grande motivation du monde, Thérèse ne sait pas par où commencer pour faire découvrir le talent exceptionnel de Céline. Elle a peu de contacts dans le milieu artistique. À cette époque, Internet n'existe pas, donc l'information n'est pas accessible en quelques clics de souris, comme c'est le cas aujourd'hui.

Thérèse décide de suivre son instinct et fouille dans une pile de disques, dans le salon. Elle sort du lot *Je ne suis qu'une chanson*, le dernier disque de sa chanteuse préférée, Ginette Reno. Elle parcourt des yeux la pochette, puis le feuillet, à l'intérieur, et le disque. Elle y lit le nom de René Angélil.

À l'époque, René Angélil est déjà un imprésario réputé. Il dirige la carrière de Ginette Reno, la chanteuse de l'heure. Thérèse se dit que si elle doit expédier une seule cassette de Céline à quelqu'un, c'est assurément à cet homme.

Elle trouve l'adresse de René Angélil dans les Pages jaunes, le bottin qui répertorie les professionnels. Maintenant qu'elle connaît les coordonnées d'un imprésario, une autre question surgit. Quelle chanson de Céline va-t-elle lui soumettre? Sa fille n'a aucune chanson originale dans son répertoire.

Après réflexion, il n'est pas question que Céline reprenne la chanson d'une autre. Il lui faut une composition originale, bien à elle. Elle décide donc d'écrire un texte sur mesure pour sa fille.

Un soir, une fois les enfants couchés, Thérèse prend un crayon et quelques feuilles dans le sac d'école de Céline, s'assoit à table et commence à écrire des mots. Depuis quelques jours, elle a un bout de refrain en tête et elle tente de le mettre sur le papier.

Ce soir-là, Thérèse se couche heureuse, avec le sentiment du devoir accompli. Il ne lui reste qu'à fignoler un peu la chanson. Mais, le lendemain, au réveil, elle est prise de panique. Il lui faut une mélodie !

Elle a bien une idée, mais rien de précis. Finalement, son fils Jacques passe faire son tour à la maison. Celui-ci, qui a l'oreille musicale, repart avec le petit bout de mélodie. Il revient quelques heures plus tard avec une musique. Céline a sa première chanson : *Ce n'était qu'un rêve...*

Maintenant âgée de 12 ans, Céline est tout excitée à l'idée d'interpréter pour la première fois sa propre chanson, une pièce spécialement écrite à son image.

Dans les semaines qui suivent, aidée de ses frères et d'un réalisateur, elle prépare une maquette, c'est-à-dire qu'elle fait enregistrer la chanson sur une cassette, dans un studio. C'est un peu l'équivalent du disque compact actuel.

Dès le lendemain, Thérèse emballe la cassette contenant trois titres chantés par Céline, les deux autres étant *Grand-Maman*, dont elle a aussi composé les paroles, et *Chante-la ta chanson*, un succès du chanteur Jean Lapointe.

Elle décore d'un petit chou le paquet en papier brun, comme si elle offrait un cadeau. Après avoir écrit soigneusement l'adresse de M. Angélil et collé un timbre sur l'enveloppe, Céline et sa mère vont déposer le colis dans la boîte aux lettres, au coin de la rue.

Thérèse regarde alors sa fille droit dans les yeux et lui dit : « À partir de maintenant, tu te croises les doigts et, surtout, tu continues de chanter. » Céline lui répond d'un simple oui de la tête.

Dans les semaines suivantes, toute la famille Dion attend patiemment que le téléphone sonne. Même qu'il n'est pas question que tout le monde s'absente du foyer en même temps. Il y a toujours quelqu'un à la maison pour attendre ce fameux coup de fil qui, malheureusement, ne vient pas.

Chaque jour, Céline rentre de l'école en courant et lance :

« Et puis, maman, est-ce qu'il a appelé ? »

Chaque fois, la réponse est non. Céline est très déçue et sa mère, furieuse que M. René Angélil ne réagisse pas.

« Peut-être qu'il n'a pas écouté la cassette », se dit-elle.

Finalement, elle convainc son fils Michel d'appeler au bureau de M. Angélil. Après plusieurs tentatives, Michel réussit enfin à avoir le célèbre impresario au bout du fil et il lui lance :

« Euh, monsieur Angélil ? Avez-vous écouté la cassette ? Sûrement pas parce que, si vous l'aviez fait, vous nous auriez rappelés… »

Céline et sa mère sont juste derrière lui et tendent l'oreille. Au bout du fil, l'homme se met à rire devant tant d'insistance et d'assurance. Il conclut la conversation en promettant d'écouter la fameuse cassette dans les prochains jours.

Dix minutes plus tard, la sonnerie du téléphone retentit dans la petite maison de Charlemagne. Michel se jette sur l'appareil.

« Je vous l'avais dit, hein ! » dit-il avec toute la confiance du monde. Il éclate ensuite de rire et ajoute : « Bien sûr, oui, oui… Oui, elle sera là… Quand ? Aujourd'hui à deux heures ? OK… »

Après avoir raccroché, Michel saute dans les bras de sa petite sœur, puis dans ceux de sa mère. Les quelques autres membres du clan, présents ce jour-là, sont témoins de la scène et débordent de joie. Céline a franchi une première grande étape.

Sans s'en douter, alors qu'elles roulent sur l'autoroute 40 en direction de Montréal, Céline et sa mère entreprennent un voyage qui va changer complètement leur vie.

4

RENÉ ANGÉLIL

Il est presque deux heures lorsque Céline et sa mère arrivent sur le boulevard De Maisonneuve, au pied de l'escalier menant au bureau de René Angélil.

Céline n'est pas particulièrement nerveuse, mais elle est impressionnée lorsqu'elle se retrouve devant l'imprésario. Il faut dire que René Angélil mène une brillante carrière depuis quelques années et qu'elle l'a vu à la télévision et dans les journaux.

Dans les années 1960, René était un des membres des Baronets, un groupe qui eut un certain succès en reprenant principalement, en français, des chansons des Beatles, le populaire groupe britannique.

« Asseyez-vous », dit poliment celui-ci.

« Voici Céline », lance nerveusement Thérèse à l'homme qui reste debout près de la fenêtre. Il porte un complet et des chaussures marron. Il est élégant et poli. Il regarde Céline et lui dit simplement : « Veux-tu chanter pour moi, s'il te plaît ? »

Céline ne répond pas ; elle semble embêtée. Elle regarde sa mère qui comprend tout de suite. « Mais elle n'a pas l'habitude de chanter comme ça, sans micro », dit Thérèse.

L'homme prend alors un stylo sur son bureau et le tend à Céline.

« Tiens. Imagine que c'est un micro et que tu chantes à la Place des Arts ! »

Céline a beau avoir chanté des centaines de fois, dans sa chambre, sans musique et sans micro, cette fois, c'est bien différent. Elle sait qu'elle ne doit pas rater cette chance. Elle se lève, se place devant la porte et se concentre, puis elle rapproche le stylo de ses lèvres et se met à chanter *Ce n'était qu'un rêve*.

Céline oublie complètement qu'elle chante devant seulement deux personnes. Elle ferme les yeux et elle est à la Place des Arts... La salle est comble, le public l'aime et l'acclame.

Elle ouvre les yeux de temps à autre, ose un regard vers René Angélil. C'est dans la poche : il a les larmes aux yeux. Touché par la voix de Céline, il est bouche bée devant le talent brut de la jeune fille.

Lorsque Céline se tait, un long silence s'installe dans la pièce. René s'essuie les yeux avec un mouchoir. Ce qu'il vient d'entendre est dix fois plus impressionnant que ce qu'il avait entendu sur la cassette.

Il regarde Céline avec un immense sourire, puis il se tourne vers sa mère et lui dit : « Si vous m'accordez votre confiance, je vous fais la promesse que, d'ici cinq ans, votre fille sera une grande vedette au Québec, mais aussi en France. »

Les dés sont jetés. René Angélil est prêt à tout risquer pour propulser la jeune fille d'à peine 13 ans au sommet des palmarès au Québec, en France, et pourquoi pas dans le monde entier! Montréal, Paris, Broadway, Hollywood... Tout est désormais possible.

5

PREMIÈRE FOIS
AU PETIT ÉCRAN

Céline et sa mère sont à peine sorties de son bureau que René Angélil propage la bonne nouvelle et fait quelques appels.

Il n'y a pas de temps à perdre. Il utilise ses contacts et fait entendre la cassette de Céline à quelques représentants des médias, dont Michel Jasmin. Celui-ci anime une importante émission qui rallie chaque soir plus d'un million de téléspectateurs.

L'animateur vedette est lui aussi conquis par la voix et l'aplomb de Céline. Il accepte d'ajouter son nom à la liste des invités à l'émission. La jeune fille chantera donc devant les caméras du plus grand *talk-show* au Canada !

Ravi, René appelle immédiatement le clan Dion pour annoncer ce qui aura l'effet d'une bombe dans la famille. « Oh ! mon dieu ! Mais qu'est-ce qu'elle va porter ? » s'inquiète Thérèse.

Comme sa fille n'a pas encore de vêtements dignes d'un tel événement dans sa garde-robe, Thérèse entreprend de lui confectionner une robe sur mesure.

« Elle sera rose, ajustée à la taille, et aura des manches bouffantes », lance Thérèse qui s'attelle à la tâche durant trois jours et trois nuits.

Le soir du 19 juin 1981, Céline met les pieds dans un studio de télévision pour la première fois. Tout va pour le mieux, jusqu'à ce qu'elle doive répéter devant les caméras.

Céline a du mal à apprivoiser ces grosses lentilles posées sur elle. Elle ne sait plus quelle caméra regarder ni à quel moment le faire. Un léger vent de panique souffle sur le plateau. René s'assoit alors avec Céline et lui propose une idée : elle chantera le premier couplet en regardant le public, puis le refrain en regardant la caméra, et ensuite elle pourra alterner.

À cet instant, Céline est terrorisée par ce nouveau défi à la télévision. Elle craint d'oublier les paroles de sa chanson ou que sa voix ne se mette à trembler. Elle imagine le pire, comme fondre en larmes devant les caméras. Sa carrière de chanteuse serait alors déjà terminée.

Un peu superstitieuse, elle souhaiterait toucher du bois pour avoir de la chance. Elle en cherche partout dans le studio, mais il n'y en a pas. Finalement, elle touche la pipe d'un chanteur qui a pour nom Fernand Gignac, un autre des invités.

« Elle n'a que treize ans et elle a une voix magnifique... À vous d'en juger », lance Michel Jasmin.

Céline entre en scène et, malgré sa nervosité, réalise une performance à la hauteur des attentes. Mais l'entrevue avec l'animateur, à la suite de sa prestation, ne se déroule pas aussi bien.

« Céline, tu as une très jolie voix, mais dis-moi : comptes-tu suivre des cours de chant ? » demande Michel Jasmin.

D'un air étonné, celle-ci lui répond tout simplement : « Non. » Comme si cela allait de soi qu'elle n'en avait pas besoin. Cette réponse peut donner l'impression qu'elle est prétentieuse.

À peine sortie du studio, Céline regrette déjà ses paroles. Sous l'effet du stress, elle a répondu ce qui lui est venu à l'esprit. Cette première expérience à la télé lui montre qu'elle a encore tout à apprendre.

Comme l'émission était enregistrée en après-midi et diffusée le soir même, Céline a pu se regarder à la télévision, en compagnie de ses parents et de ses frères et sœurs, dans la résidence familiale.

Premier constat : la jeune fille déteste se voir à la télévision. Elle n'aime pas son visage. Elle trouve son nez trop gros, ses canines trop pointues et ses sourcils trop épais. Par-dessus tout, elle n'aime pas sa voix quand elle parle. Céline, comme plusieurs adolescents, est quelque peu complexée.

René, de son côté, est beaucoup moins sévère envers sa jeune protégée. Même s'il sait que Céline n'a pas conquis son public comme il l'aurait souhaité, ce n'est que partie remise. Toutefois, il fait part d'un commentaire constructif à la chanteuse.

« Céline, tu tiens ton micro trop haut devant ta bouche. Et cesse de le passer d'une main à l'autre. »

Dans les coulisses de Télé-Métropole, le jour même, René croise Rodger Brulotte, alors directeur des relations publiques du club de baseball de Montréal, les Expos. Flairant la bonne affaire, René lui propose la candidature de Céline pour chanter les hymnes nationaux avant les matchs de l'équipe.

À l'été 1981, Céline chante donc à plusieurs reprises dans un Stade olympique rempli à craquer. En plus, son 45 tours, *Ce n'était qu'un rêve*, lancé au lendemain de sa première apparition à la télévision, se vend à 25 000 mille exemplaires.

C'est un grand succès. Et René croit qu'il faut battre le fer pendant qu'il est chaud. Il est maintenant temps de penser à un premier album...

6

UN PREMIER DISQUE... PUIS UN DEUXIÈME ET UN TROISIÈME

Lorsqu'il fut l'heure de penser à d'éventuels collaborateurs pour écrire les chansons du premier album de Céline, un nom est venu rapidement à l'esprit de René Angélil : Eddy Marnay. Cet auteur français a travaillé avec les plus grandes voix de la francophonie, de Mireille Mathieu à Édith Piaf.

Mais il faut d'abord convaincre le parolier d'accepter de travailler avec Céline. Pour cela, il faut se rendre à Paris. Céline prend donc l'avion pour la toute première fois ! Finalement, un simple tour de chant dans le salon d'Eddy Marnay suffira à le convaincre d'écrire pour la jeune fille de 13 ans.

Dès la première rencontre, l'auteur français est étonné par le talent brut et la volonté de Céline.

Il s'intéresse à elle, lui pose des questions. L'homme, alors dans la soixantaine, devient rapidement un grand ami, et même le confident de Céline.

Elle lui révèle ses plus grands secrets et il s'en inspire pour lui écrire des chansons. Dès l'été suivant, on enregistrera le premier disque de Céline.

À cette époque, Eddy Marnay joue un rôle de guide pour Céline, tout comme René Angélil. Il lui parle toujours de façon franche des petits défauts qu'elle doit corriger. Il lui montre aussi comment respirer en chantant.

« Céline, fais attention que ta voix ne devienne pas trop nasillarde quand tu chantes. Il faut aussi tenter de ne pas mettre trop de fioritures dans ton interprétation », lui explique-t-il.

Céline boit ses paroles, elle sait que cet homme fera d'elle une meilleure chanteuse. Elle travaille fort pour ne pas le décevoir en studio.

« Céline, tu dois toujours donner ton cent cinquante pour cent, comme Nadia aux Jeux olympiques », lui rappelle Eddy.

L'enregistrement des chansons en studio se passe bien et les résultats sont impressionnants. Cependant, la séance photo pour la pochette de l'album se déroule plutôt mal.

Puisque ses dents la complexent, Céline refuse de sourire. Elle déteste ces longues canines qui, même la bouche fermée, soulèvent les coins de sa lèvre supérieure. Le photographe prépare alors un éclairage très doux qui parvient à atténuer les bosses formées par ses canines. Céline vivra une grande partie de son adolescence avec ce complexe. Elle ne pourra régler ce problème que beaucoup plus tard.

Ayant pour titre *La Voix du bon Dieu*, le premier album de Céline sort en novembre 1981. Il est suivi de près par l'album *Céline Dion chante Noël* qui paraît juste à temps pour le temps des fêtes.

Dans la foulée, Céline entreprend une première tournée promotionnelle dans les centres commerciaux du Québec. Mais c'est la cohue dans les magasins : les gens courent pour faire leurs emplettes de Noël.

Céline n'attire pas beaucoup l'attention et cette première expérience est plutôt difficile pour la jeune chanteuse qui se fait carrément voler la vedette par le père Noël. Néanmoins, au cours des mois suivants, on vend 75 000 exemplaires de ses deux premiers disques. Les efforts ont donc porté leurs fruits.

Quelques mois plus tard, alors que Céline fait une autre tournée des centres commerciaux, la situation est bien différente. Des attroupements se forment maintenant partout où elle passe. Tout le monde veut voir de près celle qui devient peu à peu la coqueluche du Québec.

Fier du succès des deux premiers disques, René songe déjà à un troisième. Il mijote aussi l'idée de propulser la carrière de Céline en France. À l'été 1982, Céline, René et Thérèse retournent à Paris. Céline va y enregistrer une partie de son troisième album.

La première chanson que Céline découvre a pour titre *D'amour ou d'amitié*, texte qu'Eddy a écrit pour elle. Elle est émue en découvrant de quoi parle la chanson. Elle a l'impression que les paroles reprennent une page de son journal intime.

Cet été-là, Céline tombe amoureuse pour la première fois. Le garçon se nomme Sylvain et il habite à quelques pas de l'appartement de Claudette, la grande sœur de Céline, à Montréal.

Céline trouve ce garçon fort beau. Un jour, les deux adolescents s'embrassent. Il s'agit du premier baiser de la jeune Céline. À partir de ce moment, elle a des papillons dans le ventre quand elle pense à lui. Mais elle ne comprend pas qu'il puisse s'intéresser à elle. Elle ne se trouve pas particulièrement belle et intéressante.

Céline passe beaucoup de temps avec Sylvain. Au début, elle n'a d'yeux que pour lui. Elle passe des journées à le regarder jouer à des jeux vidéo et elle feuillette des magazines tout près de lui. Mais pourtant elle finit par se demander s'ils sont réellement amoureux l'un de l'autre.

Peu à peu, l'intérêt se dissipe, d'abord de la part de Sylvain, puis Céline se lasse à son tour du peu d'attention qu'il lui porte. Elle tire un trait sur ce premier amour. Déçue, un peu triste, elle se dit qu'elle n'a pas le temps d'être amoureuse, car elle a une carrière. Au bout du compte, c'est mieux ainsi. Elle confie ces secrets à Eddy et il en compose une chanson...

Ce voyage en France est marquant pour Céline. Non seulement elle y enregistre des chansons destinées au public français, mais, surtout, elle y reçoit une de ses plus grandes leçons de vie auprès d'une dame du nom de Tosca Marmor.

René et Eddy pensent que, malgré son talent et sa voix, Céline doit corriger certains défauts. Ils l'envoient donc chez cette dame qui, depuis un demi-siècle, enseigne aux grands chanteurs de ce monde.

Lorsque René la dépose au domicile de cette dame, Céline est triste. Elle se sent prise au piège et elle est déçue de penser que ses deux mentors doutent d'elle et de sa voix.

Au début de la rencontre, Mme Marmor est au piano. Elle fait faire des gammes à Céline pendant de longues minutes. Puis elle lui demande de chanter la même phrase pendant près d'une demi-heure.

La dame âgée ne laisse transparaître aucune émotion. Elle reste de glace et ne se montre pas du tout étonnée par la voix de Céline. « Plus fort, plus appuyé… Plus haut… Plus bas… Plus fort… »

Céline sort de là ébranlée et inquiète. Elle se pose des questions sur sa voix, sur sa façon de chanter. Elle comprend ensuite qu'elle a eu, ce jour-là, la plus belle et la plus grande leçon de toute sa vie.

Elle a beau avoir une magnifique voix, rien n'est acquis, il faut encore travailler. C'est dur pour l'ego, mais Céline en sort grandie.

Durant les semaines qui suivent, Céline poursuit son apprentissage auprès de Tosca Marmor. Elle apprend d'abord à mieux chanter, mais aussi à vivre les émotions d'une chanson.

De retour à Montréal à la fin de l'été, Céline enregistre le reste de son troisième album au studio Saint-Charles de Montréal. Sa voix est différente, mieux maîtrisée. L'album *Tellement j'ai d'amour...* sort à l'automne.

7

DE TOKYO À PARIS

Un soir, alors que Céline est chez elle à Charlemagne, le téléphone sonne. C'est Eddy Marnay au bout du fil, à Paris. Il lance avec enthousiasme :

« J'ai une bonne nouvelle, Céline ! La chanson *Tellement j'ai d'amour pour toi* a été choisie pour représenter la France dans un grand concours qui se tiendra au Japon dans quelques semaines. »

Alors qu'elle vient de reprendre une routine plus normale à l'école, Céline doit de nouveau s'absenter pendant plusieurs jours. La jeune fille, qui s'intéresse peu aux études, se rend bien compte qu'elle cumule les retards et qu'elle a peine à rattraper les autres. L'école et le métier de chanteuse semblent de plus en plus difficiles à concilier.

Finalement, René, Céline et ses parents se rencontrent et prennent une décision : la jeune fille doit quitter l'école pour se consacrer à sa carrière dans la chanson. Thérèse regrette de voir sa cadette abandonner ses études, mais elle sait qu'elle n'est pas heureuse sur les bancs d'école. Céline, René et Thérèse se rendent dans le bureau du directeur pour le convaincre d'autoriser Céline à quitter l'école.

Le pouvoir de persuasion de René fait son effet. Le directeur donne son accord. Heureuse de cette décision, Céline est soulagée. Elle ne laisse derrière elle aucune matière qu'elle affectionne particulièrement, aucun ami qu'elle regrettera.

Son seul beau souvenir de l'école, c'est lorsque Mlle Sénéchal, son enseignante, lui demandait de nettoyer le tableau après les cours. Elle se souviendra de la sensation de la brosse de feutre sur le tableau noir.

Peu de temps après, Céline s'envole pour Tokyo où un défi de taille l'attend.

Au Japon, Céline et sa mère sont éblouies par l'exotisme des paysages. Elles sont sous le charme des grands hôtels où elles dorment. Tout est impressionnant et dépaysant au pays du Soleil-Levant.

Le festival Yamaha dure plusieurs jours et a lieu dans un amphithéâtre qui a pour nom le Budokan, une salle d'une capacité de 12 000 places. Les éliminatoires se déroulent le vendredi et le samedi, alors que le dimanche est consacré à la finale.

Céline se fraie facilement un chemin jusqu'à la finale. Elle chante mieux que jamais, même si elle est intimidée devant le grand orchestre et cette foule immense. Elle sait aussi que plusieurs millions de personnes suivent l'événement au petit écran.

Le jour de la finale, au moment où l'on prononce son nom pour annoncer que c'est à son tour de chanter, Céline s'avance doucement des coulisses vers la scène. En posant son regard sur le sol, elle trouve une pièce de monnaie de cinq sous. Comme le 5 est son chiffre chanceux, elle se dit que c'est de bon augure. Sa robe blanche n'ayant pas de poche, elle glisse la pièce dans sa chaussure. Ce sera son porte-bonheur.

Céline et un chanteur mexicain du nom de Yoshio remportent finalement le grand prix, arrivant *ex æquo*. Elle gagne aussi le prix spécial de l'orchestre attribué par les 62 musiciens du concours. Dès le lendemain, le nom de Céline est imprimé dans de nombreux journaux et magazines à travers le monde. Elle est invitée sur tous les plateaux de télévision et dans toutes les radios.

Au Québec, sa chanson *D'amour ou d'amitié* tourne très souvent à la radio. Céline est accueillie comme une reine à l'aéroport de Dorval. Une horde de journalistes et d'admirateurs l'attendent.

Les Québécois manifestent un véritable engouement pour Céline. Elle fait la une de tous les journaux et magazines. René Lévesque, le premier ministre du Québec de l'époque, tient à la rencontrer pour la féliciter personnellement au nom de tous les Québécois. La jeune femme est heureuse de rentrer à la maison et de voir toute cette belle frénésie autour d'elle. Mais, dans quelques semaines, elle devra relever un autre beau défi...

Au début de l'année 1983, les chansons de Céline ont beau jouer partout au Québec, il n'en est rien en France. Sa chanson *D'amour ou d'amitié* n'y a pas vraiment trouvé preneur.

René ne se décourage pas. Il sait qu'il finira par trouver le moyen de faire connaître Céline au public français. L'occasion rêvée se présente grâce au MIDEM (Marché international du disque et de l'édition musicale), un événement annuel qui rassemble une grande partie des professionnels du *show-business* du monde entier. Dans l'avion qui les emporte vers l'Europe, René dit à Céline :

« Je sais pourquoi ça ne va pas en France : ils ne t'ont jamais vraiment vue ni entendue, là-bas. Il faut qu'ils puissent t'entendre une seule fois et tout va changer, je le sais. Ce MIDEM, tu dois le gagner, c'est ta chance. »

Céline comprend vite qu'elle devra briller comme jamais au MIDEM. René a placé la barre très haut pour sa protégée et elle fera ce qu'il faut pour se surpasser.

Lors de ce moment décisif, Céline chante *D'amour ou d'amitié* mieux que jamais auparavant. Le public de professionnels, assurément parmi les plus difficiles à conquérir, réagit bien. La foule est attentive et semble retenir son souffle. Céline ressent, par l'énergie qu'elle capte de la salle, que c'est mission accomplie.

La chanson terminée, un tonnerre d'applaudissements retentit. Céline se fait ovationner... La chanteuse brille de mille feux... Mais le meilleur est à venir.

Ce soir-là, à l'hôtel, une enveloppe attend Céline. C'est une invitation à l'émission de Michel

Drucker, *Champs-Élysées*, la plus grande émission de variétés de la télévision française.

« Retenez bien le nom de cette jeune fille, Céline Dion. Elle ira très loin », lancera l'animateur pour présenter la Québécoise au public français.

En moins d'une semaine, après le MIDEM et son passage à l'émission de Drucker, Céline devient une véritable star en Europe. Elle se retrouve en tête de tous les palmarès. À Paris, les gens la reconnaissent dans la rue. Au Québec, on la réclame.

Dès lors, tout va vite. Du jour au lendemain, Céline est entourée de toute une équipe. Elle a désormais à son service des assistantes, des relationnistes de presse, des coiffeurs et des maquilleurs. Elle dort dans les plus grands hôtels, elle a un chauffeur. Il en sera ainsi pour le reste de sa vie, et cette équipe ne cessera de s'agrandir.

Le reste de cette année-là, Céline traverse souvent l'Atlantique. Elle fait de nombreuses apparitions au Québec et en France. On lui remet des disques d'or, des disques de platine, des statuettes. Elle gagne au Québec quatre Félix au gala de l'ADISQ. Elle accepte chaque distinction avec des larmes de joie. Mais il y a aussi un peu de tristesse dans ces larmes.

À 15 ans, elle a beau réaliser son plus grand rêve, elle sait que tout ça a un prix : celui de son enfance et de son adolescence. Il lui arrive de s'ennuyer de sa maison, de son père qu'elle voit trop peu, de ses frères et sœurs qu'elle voit de moins en moins souvent. Elle s'ennuie des moments précieux en famille à chanter et à danser dans le salon. Eddy Marnay, à qui Céline se confie, s'inspire de tout cela pour écrire une chanson intitulée *Les Chemins de ma maison*. Ce sera aussi le titre du prochain album, qui sera un disque de platine au Québec.

Céline a le vent dans les voiles. L'année suivante, un autre disque, intitulé *Mélanie*, voit le jour. Sur ce nouvel album se greffe une dixième chanson qui aura une grande importance pour Céline et René. Écrite par Marcel Lefebvre sur une musique composée par Paul Baillargeon, il s'agit de la chanson *Une colombe...*

8

DEVANT LE PAPE
JEAN-PAUL II

À l'été 1984, une grande nouvelle déferle sur le Québec : le pape Jean-Paul II visitera le Canada du 9 au 20 septembre. Le 11, il sera au Stade olympique de Montréal où se rassembleront plus de 60 000 jeunes âgés de 16 à 25 ans. Le pape leur livrera un message d'amour et de paix. Une jeune chanteuse interprétera *Une colombe*, chanson composée quelques semaines plus tôt pour célébrer la venue du Saint-Père. Il est question de Martine St-Clair ou de Martine Chevrier, deux chanteuses populaires à l'époque.

Le nom de Céline Dion alimente aussi les conversations. Finalement, c'est elle qui aura l'importante responsabilité de chanter devant Jean-Paul II. Céline est ravie, René aussi. Pour sa part, Thérèse est si heureuse qu'elle n'en croit pas ses oreilles. Sa fille, son bébé, va chanter pour le pape !

Le 11 septembre 1984, sur une toute petite scène, Céline chante *Une colombe*. Tout de blanc vêtue, elle est devant le pape et plus de 60 000 personnes entassées dans le Stade olympique de Montréal.

Sur l'immense terrain dansent plusieurs centaines de jeunes vêtus de blanc. De leurs mains, ils brandissent en cadence des banderoles qui, regroupées, prennent la forme d'une colombe. Puis ils se déplacent et forment les lettres du mot Bienvenue sous le regard attentif et ébloui de Jean-Paul II.

Céline se souviendra longtemps de cette journée grandiose et magique. La veille, elle était si nerveuse qu'elle n'a pas fermé l'œil de la nuit. C'est donc avec des trémolos dans la voix et avec les genoux qui claquent que Céline chante pour le pape.

L'image fait rapidement le tour du monde et la chanson devient instantanément un gros succès.

Un an plus tard, un autre rendez-vous, plus intime, a lieu avec le pape. Céline profite d'un long séjour en Europe pour aller rencontrer Jean-Paul II à

Rome. Ce dernier la reçoit avec sa mère, en au-
dience privée, au palais pontifical de Castel
Gandolfo. Il raconte alors à ses deux invitées qu'il
garde un excellent souvenir de son passage au
Canada et de la performance de Céline. La chanteuse en profite pour lui offrir son disque d'or,
Une colombe.

« Quand il a pris mon disque d'or, j'ai cru que mon cœur allait s'arrêter. Je suis chanceuse. Voir le pape une fois dans sa vie est un énorme privilège. Mais deux fois… », dira Céline aux journalistes.

Céline passe une grande partie de l'automne 1984 en Europe. Ses parents sont également à ses côtés. Il s'agit d'un premier voyage à Paris pour Adhémar, emballé de découvrir la Ville Lumière. Lorsqu'il arpentera les rues, seul, il aura une surprise de taille. D'immenses affiches du spectacle de sa fille sont placardées partout.

Céline a tout un défi à relever alors qu'elle chante en première partie de l'humoriste Patrick Sébastien. Elle sait très bien, tout comme René, que le public du comique n'est pas taillé sur mesure pour une chanteuse. Mais Céline se dit que si elle réussit à conquérir une ou deux personnes par soir, ce sera déjà quelque chose. Et, après tout, ce n'est pas tous les jours que l'on a la chance de chanter sur la mythique scène de l'Olympia, où les plus grands chanteurs de la planète ont posé les pieds.

De retour au Québec à l'hiver 1985, Céline se prépare pour une grande tournée qui la mènera aux quatre coins de la province. Elle travaille très fort pour bien préparer sa voix et elle suit des cours de danse avec le réputé Peter George.

Céline est heureuse de pouvoir enfin présenter un vrai spectacle et d'occuper la scène le temps d'une longue série de chansons. Elle est accompagnée sur scène de huit musiciens et de deux choristes.

Dès le premier soir, Céline a la piqûre de la scène. Elle se fait la promesse de faire des spectacles toute sa vie. La tournée se taille un franc succès et Céline attire les foules partout où son autobus de tournée s'arrête. Dans l'ombre, René veille sur tout : la mise en scène, la voix de Céline, les décors, les musiciens. Rien ne lui échappe et tout doit être parfait. Après chaque spectacle, il fait quelques commentaires à Céline :

« Dans cette chanson, tu peux pousser la note beaucoup plus haut, et dans cette autre, tu dois modifier un peu la tonalité. »

À l'été 1985, Céline lance son septième album, *C'est pour toi*. Le disque n'obtient pas le succès escompté. Pour René, cela sonne l'alarme. Il y voit le signe qu'il est temps de passer à autre chose. C'est la fin d'une époque. Céline doit faire une pause et changer de style.

René caresse toujours l'espoir de séduire le marché américain, mais il est encore trop tôt pour sa protégée. Pour la première fois en cinq ans, Céline et René n'ont aucun projet à l'agenda.

« Céline, nous allons tout arrêter pendant un certain temps, dit-il un soir, après un spectacle.

— Pour combien de temps ? lui demande Céline, un peu surprise et désemparée.

— Le temps qu'il faudra. Et, quand on repartira, ce sera en grand ! » lui promet René.

Le lendemain du gala de l'ADISQ 1985, où Céline remporte cinq Félix, René s'envole pour Las Vegas où il passe plusieurs mois. Avant de partir, il donne certaines consignes à Céline :

« Tu dois apprendre l'anglais, suivre des cours plus poussés de chant et de danse. Tu dois aussi écouter beaucoup de musique, découvrir toutes les nouveautés. On va aussi faire corriger tes dents et changer un peu ta coiffure et ton look. »

Céline se sent légèrement anxieuse à l'idée d'être ainsi laissée à elle-même pendant quelque temps. Elle n'est pas non plus emballée par l'idée de rester loin de la scène si longtemps. Mais elle fait confiance à René et elle se promet d'être une jeune femme complètement transformée lors du retour de son mentor. Pour la première fois de sa vie, Céline devra relever seule un défi important.

9

LA MÉTAMORPHOSE

Pendant plus d'un an, Céline demeure loin des projecteurs. Et elle est loin de René qui passe beaucoup de temps à Las Vegas. Peu à peu, la jeune femme s'habitue à sa nouvelle vie anonyme, loin du vedettariat. Elle ne chôme pas cependant. Elle suit des cours d'anglais au rythme de neuf heures par jour, cinq jours par semaine. Elle porte aussi un appareil dentaire pour corriger sa denture.

La chanteuse se terre chez elle, loin des caméras qui pourraient tenter d'immortaliser son sourire métallisé. Elle écoute beaucoup la télé en anglais, particulièrement les *talk-shows* (émissions de variétés). Elle constate avec plaisir qu'elle comprend presque tout. Désormais, certaines chansons qu'elle chante depuis l'enfance, sans vraiment en comprendre le sens, prennent une nouvelle signification pour elle.

Durant cette période, René vient de temps en temps au Québec. Mais il rencontre aussi des gens à Toronto, à New York et à Los Angeles. Il travaille très fort pour décrocher un important contrat de disque pour Céline.

La nouvelle lubie de René est de percer le difficile marché américain et il fera tout pour y arriver. Après plusieurs jours de négociations, il signe un contrat avec l'importante compagnie de disques CBS qui compte dans ses rangs de grandes vedettes tels Michael Jackson et Barbra Streisand.

Le contrat assure à Céline la production d'un disque en français et, surtout, la possibilité d'en produire un autre en anglais. À condition, bien sûr, que le disque français fracasse des records. Vito Luprano, producteur chez CBS, avait dit à René :

« Si Céline vend plus de cent mille exemplaires de son album en français, ce sera alors oui pour un album en anglais. »

René est sûr de son coup. Pour ce prochain disque, il a l'intention d'entourer sa protégée des meilleurs auteurs. Il a l'idée de faire appel à Luc Plamondon, le célèbre parolier québécois qui a écrit des chansons à succès pour des artistes comme Diane Dufresne, Robert Charlebois et Julien Clerc. Il est aussi le créateur, avec Michel Berger, de la populaire comédie musicale *Starmania*.

Après une rencontre avec Céline, le parolier accepte la proposition. En peu de temps, il écrit deux chansons : *Lolita* et *Incognito*. Céline et René les entendent pour la première fois, un soir, dans l'appartement de l'auteur.

En lisant les paroles que Plamondon a écrites pour elle, Céline est bouleversée. Cet homme a réussi à la lire comme pas un. Les deux textes collent à merveille à Céline et à sa vie d'adolescente sur le point de devenir une femme. Il a vu juste. Ce nouvel album marque un nouveau départ pour l'interprète.

Le 2 avril 1987, le disque *Incognito* est lancé en grande pompe au Club 1234, la discothèque branchée de Montréal à l'époque. Le public et les médias découvrent ce soir-là une Céline Dion différente.

La jeune femme affiche un nouveau style : des cheveux aux épaules, frisés et ébouriffés ; une veste pailletée noire coordonnée à une jupe asymétrique. On remarque aussi son nouveau sourire, ses dents droites. À l'aube de la vingtaine, Céline n'est plus la petite fille sage que le public a connue, elle est désormais une femme. Elle a un look au goût du jour.

Même sa musique est différente, transformée. Le son est plus moderne, parfois plus pop ou plus rock. Le public est séduit et en moins de 20 jours, il se vend plus de 20 000 albums.

Mais ce n'est qu'un début pour *Incognito* qui s'écoulera à plus de 500 000 exemplaires. Comme l'album fait beaucoup de bruit et se vend bien au Canada français, les organisateurs des prix Juno

invitent Céline à chanter lors du gala à Toronto. René y voit une chance de faire une percée dans le reste du Canada.

« Céline, tu vas chanter en anglais, lui dit René. Tu vas faire *Have a Heart*, la version anglaise de *Partout je te vois*. C'est une excellente chanson pour montrer l'étendue de ton registre. On va jouer le tout pour le tout. »

Ce soir-là, Céline chante mieux que jamais. Le public lui fait même une longue ovation debout. Le lendemain, les médias sont sous le charme. Céline a volé la vedette à cette soirée.

René a une carte de plus dans sa manche pour négocier avec les grands patrons de CBS. Il leur propose d'investir dix fois plus d'argent dans le disque en anglais de Céline. Il pousse même l'audace jusqu'à exiger de travailler avec le populaire producteur David Foster. On accepte sa première demande. Quant à la seconde, les patrons sont aussi d'accord, mais seulement s'il réussit à convaincre lui-même M. Foster.

10

UNISON

Par un après-midi de l'hiver 1988, Céline est sur la scène du Théâtre Saint-Denis. Elle répète en vue de la grande première montréalaise de la tournée *Incognito*.

«Je viens d'avoir David Foster au téléphone, lui annonce alors René. Il a écouté *Incognito* et il a dit que tu as tout pour percer aux États-Unis. Il pense que tu as *that little something extra*, ce "petit plus" qu'ont les grandes stars. Il accepte de travailler avec nous!»

Céline crie de joie et partage vite son secret avec Claude «Mégo» Lemay, son chef d'orchestre. Seule petite déception: David Foster n'est pas libre avant quelques mois. Céline devra attendre jusqu'à l'automne avant de travailler à son album en anglais.

Quoi qu'il en soit, sa tournée est un triomphe et on ajoute constamment des représentations au calendrier. Les billets se vendent comme des petits pains chauds. Elle donnera plus de 160 spectacles aux quatre coins du Québec, dont une quarantaine à Montréal.

Céline a la faveur de la presse populaire qui n'a que des bons mots au sujet de ses spectacles. Elle fait la une des journaux et magazines avec des titres comme « Céline Dion triomphe », « Céline est la nouvelle grande voix du Québec » ou « Une star internationale est née ». Cependant, des critiques plus intellectuels la boudent. On dit qu'elle est une étoile filante, que son talent est limité et que sa voix est nasillarde, ou qu'elle n'est rien d'autre qu'une imitatrice. Certains lui reprochent même son ambition. Céline devra apprendre à ne pas se laisser atteindre par la méchanceté de certains propos à son égard. Elle choisit de se concentrer sur ses projets et ses succès.

Durant sa première tournée d'envergure, Céline se perfectionne. Elle maîtrise de plus en plus l'art de la scène et elle interagit mieux avec son public.

Même si elle aime beaucoup la vie de spectacle, elle éprouve un certain soulagement à la fin de la tournée. Elle se sentait un peu coincée dans la mise en scène très rigide. Le metteur en scène avait tout réglé au quart de tour, ne laissant aucune place à l'improvisation. On lui disait quoi dire, quoi faire, quand danser, sourire et chanter.

Céline décide que, désormais, on ne lui dira plus quoi faire ni quoi dire. Cette grande tournée maintenant derrière elle, il est temps de penser à l'album en anglais et de rencontrer ce fameux David Foster.

Au début de 1989, Céline et René se rendent en Californie. Ils se sont installés pendant quelques mois dans une petite maison, sur le bord de la plage à Malibu. Ce sera l'endroit idéal pour travailler à ce premier disque en anglais, puisque David Foster habite à quelques pas de là.

Durant de longues journées, Céline, René, David et des membres de l'équipe de CBS écoutent des musiques, lisent des textes et font des essais. Puis ils en arrivent à une conclusion évidente : ce disque doit contenir avant tout des chansons d'amour. Après tout, la majorité du répertoire français de Céline parle d'amour.

Au studio Chartmaker, en plein cœur de Los Angeles, l'équipe travaille aux premières chansons de l'album qui portera le titre *Unison*. La compagnie de disques CBS, devenue alors Sony, propose que Céline travaille également avec d'autres producteurs afin d'agrandir au maximum son public. Céline enregistrera donc quelques chansons de son disque à New York, avec Andy Goldmark, et ensuite à Londres, avec Christopher Neil. Chose certaine, Céline est entourée de la crème de la crème et les résultats ne se feront pas attendre.

Le 2 avril 1990, Céline lance son album en anglais. Le premier extrait, *Where Does My Heart Beat Now*, sera une chanson importante dans la carrière de Céline. La première fois que René a entendu cette chanson, il jouait au billard juste à côté de la vitre du studio d'enregistrement. Il s'est arrêté de jouer et a fondu en larmes. Il a alors dit à Céline :

« Tu iras au *Tonight Show* avec ça. »

Et l'avenir prouvera que le flair de René ne l'avait pas trompé.

||

ENTRE HOLLYWOOD
ET LE QUÉBEC

Alors qu'elle est dans un taxi en route vers son hôtel à Beverly Hills, Céline entend pour la première fois sa chanson *Where Does My Heart Beat Now* à la radio. Assis à côté d'elle, René est ému et heureux. Il lance même au chauffeur : « Savez-vous qui chante cette chanson ? »

Le chauffeur répond : « Je n'en ai aucune idée, monsieur. »

René dit alors : « Elle s'appelle Céline Dion et elle est dans la voiture avec nous. » Le chauffeur, à la fois impressionné et amusé, serre la main de Céline, puis celle de René. Il sera leur chauffeur attitré durant ce séjour.

C'est lui qui les conduira chez Tower Records, sur Sunset Boulevard, l'un des plus importants magasins de disques au monde. Au moment où la voiture s'arrête, Céline voit une immense affiche portant son nom et sa photo ! On peut y lire les mots suivants : *« Remember the name, because you will never forget the voice. »* (« Souvenez-vous de ce nom, car vous n'oublierez jamais cette voix. »)

Ce jour-là, dans le taxi, Céline et René comprennent qu'il se passe quelque chose. Le grand rêve hollywoodien est à la portée de Céline. Sa vie s'apprête à changer encore une fois.

Le soir même, comme l'avait prédit René, Céline chante *Where Does My Heart Beat Now* à la prestigieuse émission *The Tonight Show*. Elle sera vue et entendue par plusieurs dizaines de millions de téléspectateurs.

Dès le lendemain de son apparition à la télé, la chanson se hisse vers les sommets des palmarès à travers le monde. Elle devient rapidement la chanson porte-bonheur de Céline. Elle l'interprétera également sur le plateau de l'autre grande émission de fin de soirée américaine, *Late Night with David Letterman.*

Après ce beau tourbillon, Céline doit revenir au Québec, puisqu'un autre défi l'attend. Elle fera ses débuts en tant qu'actrice dans la mini-série *Des fleurs sur la neige*, qui sera tournée à Montréal.

Elle y interprète Élisa T., une jeune femme martyrisée par sa mère et son beau-père. Céline vit pendant quelques semaines une expérience très éloignée de son conte de fées américain.

Le tournage n'est pas facile pour Céline. D'abord, elle doit apprivoiser ce personnage difficile. Certaines scènes sont très éprouvantes, tant sur le plan moral que physique.

De plus, l'ambiance sur le plateau n'est pas chaleureuse. Certains comédiens ont du mal à accepter Céline. Ils estiment qu'un rôle d'une telle importance aurait dû revenir à une jeune comédienne qui a fait ses classes.

Céline est donc en retrait du groupe. Mais elle décide de tirer parti de la situation et de s'en servir pour se plonger dans le désarroi de son personnage. L'animosité de certains comédiens qui lui donnent la réplique devient son carburant.

Céline tourne beaucoup de scènes où elle doit pleurer ou recevoir des coups. Elle verse alors de vraies larmes. Elle sort même de ce tournage avec quelques bleus.

Malgré tout, elle a adoré cette expérience et elle caresse encore aujourd'hui le rêve de jouer de nouveaux rôles, un jour. Elle se voit tourner dans un film sur la vie de la grande chanteuse Maria Callas ou décrocher un rôle dans une imposante comédie musicale sur Broadway.

12

SANS VOIX

Étant donné le succès du disque *Unison*, une importante tournée est organisée. Céline passe une grande partie des mois suivants sur scène aux quatre coins du Québec, du Canada et des États-Unis.

Un soir, en plein spectacle à Drummondville, le pire se produit : la voix de Céline se casse subitement. Elle n'arrive plus à chanter. Prise de panique, elle essaye à nouveau, mais il n'y a rien à faire. Pas la moindre note ne sort. Le spectacle doit être annulé.

René monte sur scène pour expliquer la situation à l'auditoire, pendant que Céline est en pleurs. La foule se met alors à applaudir pour offrir son appui à l'artiste.

En une fraction de seconde, le rêve de Céline a tourné au cauchemar. Que se passe-t-il avec sa voix? Et si tout s'effondrait alors qu'elle est si près de conquérir le monde avec ses chansons?

« Ne pleure pas, ne pleure pas, lui dit René en la serrant dans ses bras. Tout va rentrer dans l'ordre, tu vas voir. »

Dès le lendemain, René obtient un rendez-vous en urgence à la clinique du Dr Belzile. Plusieurs artistes le considèrent alors comme le meilleur de sa spécialité. En entrant dans le cabinet du médecin, Céline est très nerveuse, mais elle espère que son problème sera réglé en quelques minutes. Malheureusement, la situation est beaucoup plus grave qu'elle ne le croyait. Les mots que prononce le Dr Belzile ce jour-là marqueront Céline à jamais.

« Tes cordes vocales sont irritées et fatiguées, tout simplement parce que tu n'en as pas pris soin, dit-il. Elles sont usées et dans un piteux état. Tu dois reposer ta voix pendant plusieurs jours, même plusieurs semaines. Peut-être devras-tu éventuellement subir une opération. Et cela changera probablement le timbre de ta voix. »

Atterrée, Céline promet de faire tout ce qu'il faut pour guérir ses cordes vocales. Le Dr Belzile l'adresse alors au Dr William Gould, le plus grand spécialiste de la voix au monde. Quelques jours plus tard, Céline saute dans un avion pour aller consulter ce médecin à New York.

Dès qu'elle pénètre dans le cabinet du Dr Gould, Céline constate qu'elle est entre bonnes mains. Sur les murs, il y a des photos de ce médecin en compagnie de personnalités célèbres telles que Frank Sinatra, John Kennedy et Luciano Pavarotti.

« Mademoiselle Dion, vos cordes vocales sont très mal en point, lui dit d'emblée le Dr Gould. Il n'y a qu'une manière d'éviter l'opération : garder le silence pendant trois semaines. Vous devrez vous armer d'une discipline de fer. Peu de gens y parviennent. »

Puisqu'une intervention chirurgicale risquerait de transformer sa voix, Céline n'envisage pas cette possibilité. Elle décide plutôt de ne plus parler. Elle élabore un code avec les gens de son entourage et se promène toujours avec un bloc-notes et un crayon.

Quand elle a sa mère au téléphone, elle répond à ses questions par des coups d'ongles sur le combiné. Un coup veut dire oui ; deux coups, non. Rester muette pendant plusieurs jours, Céline le fera de temps à autre tout au long de sa vie, pour préserver et reposer sa voix.

Elle en vient même à apprécier ces périodes où elle doit s'isoler presque totalement du monde pour garder le silence. Le médecin spécialiste affirme même que si elle tient sa discipline et fait les divers exercices quotidiens qu'il lui a prescrits, et si elle évite le stress et les courants d'air, deux ennemis des cordes vocales, sa voix deviendra encore plus forte et plus belle. Le temps prouvera que le Dr Gould avait raison.

Mais au lendemain de ses problèmes de voix sur scène, la machine à rumeurs s'est déjà emballée. On entend même dire que la carrière de Céline est sur le déclin et que cette tournée sera sa dernière. « La carrière de Céline Dion est terminée », titrent alors certains journaux.

René s'inquiète. Et si cette fausse nouvelle, qui se répand comme une traînée de poudre, tombait dans les oreilles des producteurs? Ceux-ci pourraient bien devenir frileux à l'idée de placer leur confiance en une jeune femme à la voix fragile et à l'avenir incertain. Cela pourrait même compromettre sa carrière autant au Québec qu'à l'échelle internationale.

Pour Céline et René, il est donc important de faire taire les rumeurs une bonne fois pour toutes lors du dernier spectacle au Théâtre Saint-Denis, à Montréal. Il faut lier les langues et prouver que la voix de Céline se porte bien. Pour ce faire, Céline reçoit des injections qui lui permettent de retrouver la voix, mais il s'agit d'une solution temporaire avant d'entreprendre sa cure de silence.

Grâce à son tour de chant impeccable, Céline parvient à faire oublier au public et aux journalistes qu'elle a eu des petits pépins avec sa voix, quelques jours plus tôt. De plus, un autre événement détournera vite l'attention des gens.

Le soir du gala de l'ADISQ, Céline remporte un Félix dans la catégorie « Artiste ou formation anglophone de l'année ». Sur scène, la chanteuse lance : « Je ne peux pas accepter ce trophée-là. Ce n'est pas parce que je ne suis pas fière de mon disque en anglais, au contraire. Mais je suis une chanteuse québécoise, pas une artiste anglophone. »

À la suite de ces paroles, le public répond par un tonnerre d'applaudissements. René, qui a d'abord été surpris, est très fier de Céline et de ses convictions.

La chanteuse conclut son intervention en proposant aux dirigeants de l'ADISQ de changer le nom de la catégorie pour : « Artiste s'étant le plus illustré sur le plan international. »

Dès l'année suivante, Céline récoltera un Félix dans cette catégorie rebaptisée « Artiste québécois s'étant le plus illustré dans une autre langue que le français ». Elle récoltera le même honneur plusieurs fois dans les années à venir.

13

DIX ANS DE CARRIÈRE

Le soir du 19 juin 1991, Céline célèbre 10 années de carrière! Elle vient tout juste de terminer sa première grande tournée canadienne durant laquelle elle a donné des spectacles d'un bout à l'autre du pays.

Pour souligner cet anniversaire, René lui propose quelque chose de spécial : « Tu as triomphé partout au Canada ; maintenant tu rentres chez toi et tu vas célébrer ça devant ton premier public, au Forum. Ce sera merveilleux. »

Le Forum de Montréal est alors le plus grand aréna de la métropole. L'ancêtre du Centre Bell était à l'époque le domicile des Canadiens. Plusieurs artistes de renom s'y sont produits. Le Forum ferma ses portes en 1996 et fut transformé en complexe de divertissement en 2001.

Le spectacle au Forum est aussi, pour Céline et René, une façon de se remémorer les plus beaux moments de ces 10 années de carrière. Oui, elle va chanter ses plus grandes chansons, mais on diffusera aussi plusieurs vidéos-souvenirs au cours du spectacle.

Céline passe donc des heures avec René à regarder défiler sur un écran de télé les grandes étapes de sa carrière. La fois où elle a chanté pour le pape, la fois où elle a gagné l'Eurovision, sa première télé américaine, son duo avec...

Céline contemple avec émotion tout le chemin parcouru. Puis René a une autre idée : demander à l'Orchestre symphonique de Montréal d'accompagner Céline lors de ce spectacle. Les billets se vendent à la vitesse de l'éclair.

En cette soirée très spéciale, Céline apparaît sur scène en portant un chandail des Canadiens de Montréal et en brandissant le drapeau du Québec. Le public l'accueille en lui chantant :

Ma chère Céline,
C'est à ton tour,
De te laisser parler d'amour...

Ce soir-là, Céline chante plusieurs chansons de son album *Unison* et aussi quelques reprises, dont *Calling You*, tirée de la bande originale de l'un de ses films favoris, *Bagdad Café*. Le spectacle est un succès, le public en redemande.

Céline interprète aussi ce soir-là un pot-pourri des chansons de l'opéra-rock *Starmania* de Luc Plamondon et Michel Berger. Il n'en fallait pas plus pour inspirer une autre idée à René Angélil. Le prochain disque de Céline pourrait bien être consacré à l'œuvre du grand parolier...

Céline est enthousiasmée par cette idée, même si elle sait que ce sera un défi de taille de reprendre des chansons qui furent auparavant brillamment interprétées par de grandes chanteuses comme Diane Dufresne, Martine St-Clair et Fabienne Thibeault.

Luc Plamondon écrit aussi quatre nouvelles chansons pour Céline, dont la magnifique *L'Amour existe encore* qui devient rapidement un classique dans la francophonie.

Le disque est enregistré dans le petit studio du renommé compositeur Michel Berger, boulevard des Batignolles, à Paris. Céline s'implique plus que jamais dans la création de ce onzième opus.

Dion chante Plamondon est lancé en novembre 1991 au Métropolis de Montréal. Le soir même, le disque est certifié or (50 000 exemplaires vendus). Quelques jours après le lancement, Céline part pour Los Angeles où elle enregistrera son deuxième album en anglais.

14

LE RÊVE AMÉRICAIN

En plein cœur de l'année 1991, le tandem à succès formé du compositeur James Horner et du parolier Will Jennings cherche une voix pour interpréter *Dreams to Dream*, la chanson-thème d'un imposant film d'animation qui a pour titre *An American Tail : Fievel Goes West.*

Produit par Steven Spielberg, ce film raconte l'histoire d'une souris de New York qui part à la conquête de l'Ouest et du rêve américain. C'est la suite d'*An American Tail* qui a remporté un vif succès quelques années plus tôt. Après avoir entendu Céline, Horner et Jennings se disent qu'ils ont enfin trouvé la perle rare.

Céline et René sont excités de pouvoir travailler avec Steven Spielberg qui est déjà à l'époque l'un des plus importants producteurs et réalisateurs de films. Après l'écoute de la maquette, la chanteuse et son imprésario sont aux anges. La voilà enfin, cette chanson qui va leur ouvrir les portes et projeter Céline vers les sommets. Ils attendent alors impatiemment l'appel qui les convoquera à Los Angeles pour enregistrer la chanson.

Mais l'appel ne vient pas. Linda Ronstadt, qui a interprété la chanson principale du premier film, est revenue sur sa décision et exige de chanter *Dreams to Dream*. René est atterré, surtout que Céline fredonne la chanson tous les jours et est impatiente de l'enregistrer en studio. La jeune femme sera très déçue.

« Tu sais, Céline, je suis certain que cette malchance n'arrive pas pour rien et que quelque chose de mieux et d'encore plus extraordinaire t'attend au bout de tout ça. Perdre, c'est gagner », prêche-t-il à Céline.

Une fois de plus, René a vu juste : peu de temps après, le téléphone sonne. C'est un représentant de la firme Disney qui propose à Céline d'enregistrer en duo, avec le chanteur Peabo Bryson, la chanson *Beauty and the Beast* du film du même titre. On prévoit que ce sera un succès énorme.

Échaudée par la mésaventure précédente, Céline n'est pas emballée. Elle refuse même d'écouter la chanson. Finalement, on la convainc, et, après une première écoute, elle n'aime pas particulièrement cette chanson. Mais elle accepte, par politesse, d'aller voir le film en projection privée à Londres. Elle sort de la salle sous le charme et en chantonnant *Beauty and the Beast.* Elle accepte la proposition des producteurs.

Céline ne le sait pas encore, mais *Beauty and the Beast* sera le grand succès qu'elle attend depuis longtemps. Le 30 mars 1992, soit le jour de son 24e anniversaire, elle chante en compagnie de Peabo Bryson à la mythique cérémonie des Oscars.

Dans la salle, elle reconnaît des visages familiers : Billy Crystal (l'animateur de la soirée), Elizabeth Taylor, Robin Williams, Bette Midler, Susan Sarandon, Jodie Foster et combien d'autres. Ces vedettes qu'elle voyait sur son petit écran en noir et blanc, dans la maison de Charlemagne, ou encore dans ses rêves, sont aujourd'hui devant elle !

Autre honneur : Céline repart avec la prestigieuse statuette dorée attribuée à la meilleure chanson originale de film. Ce soir-là, un milliard de téléspectateurs à travers le monde ont vu la Québécoise chanter en direct à la télévision.

Le lendemain, Céline lance *Celine Dion*, son deuxième album en anglais, un disque sur lequel elle a travaillé avec l'auteure Diane Warren. Cette dernière lui offre, entre autres, *If You Asked Me To*, *Water From The Moon*, et *Love Can Move Mountains* que Céline chantera lors de l'investiture du président américain Bill Clinton, à Washington, quelques mois plus tard. Le chanteur populaire Prince lui offre aussi *With This Tear*, une magnifique ballade.

Le soir même, Céline fait une apparition au *Tonight Show* de Jay Leno. Ses parents sont dans la salle. C'est la première fois qu'ils mettent les pieds en Californie. Avoir ses parents auprès d'elle est le plus beau des cadeaux d'anniversaire.

À la suite du lancement de ce nouveau disque à l'échelle mondiale, Céline cumule les apparitions à la télé. Elle récolte aussi cette année-là plusieurs prix et statuettes. Désormais, le monde entier s'intéresse à elle. Le 14 mai, elle reçoit son premier World Music Award à titre d'interprète féminine canadienne de l'année ayant vendu le plus d'albums.

L'été suivant, Céline fait sa première grande tournée américaine alors qu'elle assure la première partie du spectacle *Time, Love & Tenderness* du chanteur Michael Bolton, très populaire à l'époque. Faire une première partie n'est jamais de tout repos. Céline doit une fois de plus conquérir un public qui n'est pas le sien. Elle réussit tout de même à tirer son épingle du jeu. Le public l'applaudit chaudement et les gros titres des journaux sont plutôt gentils et encourageants.

De retour au Québec, Céline amorce une importante tournée. Fidèle, le public accourt pour la voir sur scène. Céline est heureuse, sa carrière va bon train. Elle est maintenant reconnue aux quatre coins de la planète, et ses deux derniers albums, *Dion chante Plamondon* et *Celine Dion*, se vendent par millions d'exemplaires.

Par contre, sur un plan plus personnel, elle cache un secret qui devient de plus en plus lourd à porter. Un secret qu'elle a bien hâte de révéler au grand jour. Ce jour viendra avec la parution de *The Colour of My Love*, son troisième album en anglais.

15

CÉLINE + RENÉ

« Hello, Céline and René. I have a special song for you, guys. » (J'ai une chanson spéciale pour vous.)

Ces mots sont de David Foster qui offre la chanson *The Colour of My Love* à Céline, une pièce convoitée par de grands noms tels que Barbra Streisand, Natalie Cole et Whitney Houston. Foster a écrit cette magnifique chanson d'amour en pensant à Céline et à René.

L'homme, qui a passé plusieurs heures en studio en compagnie de Céline et de René, fut l'un des premiers témoins de cette relation bien spéciale entre la chanteuse et son imprésario. Il a vite compris que cette chanson allait comme un gant à Céline.

« René, avec cette chanson et avec cet album, je révèle tout au monde entier, je ne garde plus ce secret », lui dit Céline.

Voilà ce que Céline cache depuis quelque temps et qui la pousse même jusqu'à mentir aux médias ou à contourner les questions... Elle est amoureuse de René. Les deux forment un couple depuis quelques années déjà.

Mais par peur d'être jugé à cause de leur différence d'âge, René préférait garder cet amour secret. Pourtant, Céline a envie de le crier sur tous les toits. Elle le fera au lancement de son nouvel album.

Le soir du 8 novembre 1993, le Métropolis de Montréal est rempli à craquer d'admirateurs heureux de retrouver leur idole qui arbore un nouveau look. Elle porte les cheveux très courts.

Céline chante pour la première fois devant public *The Colour of My Love*. Elle regarde René et l'enlace. Elle lui envoie même un baiser à la fin de la chanson.

Céline pleure de joie ; elle se sent libre et soulagée. René aussi. Le public approuve et applaudit. Céline lance « *René, you're the colour of my love !* » devant les caméras de tous les médias québécois.

David Foster, en direct sur écran depuis Los Angeles, dit : « J'ai écrit cette chanson à l'occasion de mon mariage avec Linda et je suis heureux de vous l'offrir. J'espère qu'elle mènera à un autre mariage. »

Le souhait de Foster est exaucé un an plus tard. Le 17 décembre 1994, à la basilique Notre-Dame de Montréal, le mariage de Céline et René est célébré. L'événement attire les curieux aux abords de l'église du Vieux-Montréal. Ils sont des dizaines de milliers à s'être déplacés pour voir passer le cortège nuptial.

Céline porte une robe sur mesure, signée par la Montréalaise Mirella Gentile. La designer s'est inspirée des coupures de magazines que Céline amasse depuis des années. Le résultat est spectaculaire : la traîne de la robe mesure 10 mètres et Céline porte un diadème de pierres précieuses qui pèse 10 kilos.

Les caméras des médias locaux et internationaux sont sur place. Les journalistes parleront de « mariage princier ».

Dans leur maison nouvellement construite en Floride, Céline et René poursuivent leur vie à deux. Leur prochain souhait ? Avoir un enfant.

16

SOUVENIRS DE KARINE

Contrairement aux attentes, le prochain projet de Céline et de René n'est pas la venue d'un bébé. C'est plutôt un certain Jean-Jacques Goldman qui arrive avec un projet de disque pour Céline. L'auteur-compositeur-interprète, qui est une véritable star en France, a envie d'écrire un album pour la vedette québécoise.

Céline et René le rencontrent pour la première fois dans un petit restaurant parisien. Goldman a bien fait ses devoirs et connaît déjà sur le bout des doigts la vie de Céline. Il a minutieusement épluché des centaines de coupures de presse à son sujet. Il fait la promesse de leur revenir quelques semaines plus tard avec des esquisses de chansons.

La deuxième rencontre a lieu dans le studio parisien de Goldman. Il s'assoit au piano et commence à jouer pour Céline et René certaines chansons qu'il a composées pour eux. Il débute avec *Pour que tu m'aimes encore*. Il n'est pas rendu à la moitié de la chanson que déjà Céline et René sont ravis. Ils donnent carte blanche à Goldman. Seul hic, l'horaire de Céline ne leur laisse que deux semaines pour enregistrer l'album. Ce sera tout de suite après les spectacles à l'Olympia de Paris.

Le lendemain du dernier spectacle, Goldman envoie une dernière maquette à Céline. La chanson s'intitule *Vole*. Céline pleure en découvrant les paroles.

Dans ce texte, Céline s'adresse à Karine, la fille de sa sœur Liette, qui est décédée quelques années plus tôt. À l'âge de 16 ans, Karine a perdu son combat contre la fibrose kystique.

Céline n'avait que 9 ans lorsqu'elle a appris que sa nièce, âgée de quelques mois à peine, était atteinte de cette maladie. La santé de la petite Karine sera toujours fragile et son espérance de vie, très courte.

Céline développera une belle complicité avec sa nièce. Comme celle-ci est souvent confinée à la maison, Céline lui fait vivre de précieux moments en lui racontant chaque rencontre, chaque détail de ses voyages à Paris ou à Los Angeles.

Karine est la plus fervente admiratrice de sa tante. Elle assiste à plusieurs de ses spectacles. Même hospitalisée, à la fin de sa vie, elle réussit à obtenir une permission spéciale pour aller applaudir sa tante au Forum. Ce sera la dernière fois qu'elle verra son idole sur scène.

C'est d'ailleurs dans les bras de Céline, alors que celle-ci lui chante à l'oreille la très belle chanson *Les Oiseaux du Bonheur* d'Eddie Marnay, que Karine rend l'âme, entourée de sa famille.

Céline chérit de précieux souvenirs de sa nièce. Elle se souviendra de sa grande maturité, de la force de son caractère et de sa résilience.

La chanteuse continue de s'impliquer régulièrement auprès de la fondation Fibrose kystique

Québec. Elle est aussi la marraine nationale de Fibrose kystique Canada. Elle a également lancé, il y a quelques années, la Fondation Céline Dion qui appuie plusieurs organismes œuvrant auprès des enfants malades et défavorisés.

17

SUCCÈS PLANÉTAIRE

Peu de temps après la sortie de l'album *D'eux*, créé avec Jean-Jacques Goldman, Céline entre en studio pour enregistrer son seizième album en carrière et son quatrième en anglais. Ce sera un des plus populaires de Céline et l'un des disques les plus vendus de l'histoire.

Il contient des traductions anglaises de trois chansons de l'album *D'eux*. *Je sais pas*, *Vole* et *Pour que tu m'aimes encore* deviennent ainsi *I Don't Know*, *Fly* et *If That's What It Takes*. Le disque comporte aussi une chanson pour le cinéma, *Because You Loved Me*, qu'on entend dans le film *Up Close & Personal* mettant en vedette Michelle Pfeiffer et Robert Redford.

Ce nouveau disque contient aussi deux reprises, dont *All by Myself* qui pousse Céline à réaliser des prouesses vocales presque surhumaines.

L'idée d'enregistrer cette chanson est venue de David Foster, à la dernière minute. Il a réarrangé la mélodie afin de permettre à Céline une envolée qui met sa voix bien en évidence.

En studio, Céline est nerveuse à l'idée de pousser une note si exigeante. Dès la première prise, elle tient le fameux *fa* avec brio. De l'autre côté de la vitre, les musiciens applaudissent l'exploit qu'ils viennent d'entendre. David Foster est stupéfait.

Céline s'implique beaucoup dans la production de ce disque et ne se contente pas seulement de chanter. Elle n'hésite pas à exprimer son avis quand quelque chose ne fait pas son affaire. Par exemple, elle n'aime pas les arrangements de la pièce *Falling into You*, qu'elle trouve trop agressifs. En outre, elle n'aime pas sa voix dans cette chanson. Pourtant, tout le monde est satisfait, même René. Elle décide tout de même de suivre son instinct et de tout refaire à sa façon. Au final, la chanson sera grandement bonifiée. René et David sont les premiers à féliciter Céline.

L'album est lancé le 12 mars et s'écoule à près de trois millions d'exemplaires en quelques semaines. Les ventes s'élèveront à plus de 32 millions d'exemplaires à travers le monde.

Grâce à ce disque, Céline est propulsée au rang des plus grandes chanteuses du monde. Cela l'amènera à chanter lors de la cérémonie d'ouverture des Jeux olympiques d'Atlanta. Il y a 85 000 spectateurs dans le stade et 4 milliards de personnes qui suivent l'événement à la télé. Thérèse, qui a pourtant l'habitude de suivre sa fille partout, décide de rester à la maison. Elle dit à Céline : « C'est trop gros pour moi, ça me rend nerveuse, j'ai le trac. Je vais te regarder à la télévision. »

Bien que Céline garde la tête haute ce jour-là, elle est aussi apeurée par ce défi. Elle va chanter devant la moitié de l'humanité !

Une fois de plus, sa performance est à la hauteur des attentes. Elle chante *The Power of the Dream* de parfaite façon. Le moment est magique, c'est l'euphorie autour de Céline.

Pourtant, après cette expérience incroyable, Céline ressent une grande fatigue, elle cherche son souffle. Sa batterie est à plat. Elle se sent un peu étourdie, elle dort mal et ne mange presque plus.

Céline consulte alors trois médecins qui établissent le même diagnostic : surmenage et stress. Céline doit ralentir et se reposer de 12 à 15 heures par jour. Pas question de parler ou de penser au travail. Sa mère est à ses côtés et veille sur elle. Ce repos forcé durera plusieurs semaines.

Dans les mois qui suivent, Céline poursuit sa tournée *Falling into You* en Amérique, en Asie et en Europe. Elle se termine en juin 1997 par un spectacle grandiose au Madison Square Garden de New York.

Et puis le jour est déjà venu d'enregistrer le prochain disque, *Let's Talk About Love*. Cet album réunira des grands noms de la chanson, par exemple Carole King, les Bee Gees, Bryan Adams, Corey Hart et Luciano Pavarotti.

Ce disque donne à Céline l'occasion de chanter en duo avec son idole, Barbra Streisand, qu'elle admire depuis l'enfance. Tout a commencé le soir de la cérémonie des Oscars. On demande à Céline de remplacer au pied levé Natalie Cole, retenue chez elle par une vilaine grippe. Cole devait chanter *I Finally Found Someone*, chanson tirée du film *The Mirror Has Two Faces*, produit et réalisé par Barbra Streisand. Céline interprète la chanson assise sur un tabouret, dans une magnifique robe pailletée. Elle peut en lire les paroles sur un lutrin qu'on a placé devant elle. Fébrile, Céline sait que quelque part dans la salle, Barbra Streisand l'entend chanter. Ce soir-là, elle n'a pas pu rencontrer son idole, mais ce n'est que partie remise.

Deux jours plus tard, elle reçoit dans sa chambre d'hôtel, en Californie, un énorme bouquet de fleurs avec un mot signé de la main de Barbra. Celle-ci la félicite de sa performance à la soirée des Oscars. Streisand ajoute qu'elle souhaiterait chanter un jour en duo avec Céline. *«Next time, let's do one together.»* Il n'en fallait pas plus pour que René travaille fort pour concrétiser ce projet. Il appelle David Foster et lui demande d'écrire une chanson.

Quelques jours plus tard, Foster présente la chanson *Tell Him*. À cause de leur programme très chargé, les deux femmes ne peuvent pas se rencontrer. On enregistre donc Barbra en Californie, et Céline lui donne la réplique dans un studio à New York. Au lendemain de l'enregistrement, Barbra appelle Céline, ravie par le duo qu'elle vient de faire avec elle.

Au bout du fil, Céline est en larmes, émue de recevoir de tels compliments de celle qu'elle considère comme la plus belle voix de la planète. Elle se pince, tellement elle a l'impression de rêver.

Peu après, Céline sera invitée à rencontrer son idole chez elle. Les deux femmes discuteront un après-midi entier et une belle amitié naîtra de cette admiration mutuelle.

Le disque *Let's Talk About Love* contient une autre chanson qui fera résonner la voix de Céline aux quatre coins du monde. Il s'agit de *My Heart Will Go On*, tirée du film *Titanic.* Elle devient l'une des 10 chansons les plus populaires de tous les temps. Pourtant, peu s'en est fallu que la chanteuse ne l'enregistre jamais.

D'abord parce que James Cameron, le réalisateur du film, ne voulait pas d'une chanson de ce genre au générique de fin. Et aussi parce que Céline n'avait pas aimé cette chanson lorsqu'elle l'avait entendue pour la première fois. Il faut dire que l'interprète avait une voix plutôt pauvre. Mais René qui, lui, aime la chanson, n'a pas dit son dernier mot.

Il convainc Céline de faire un essai en studio et elle se surprend alors à l'aimer. Finalement, en entendant la version de Céline, James Cameron est lui aussi ravi. La chanson accompagnera donc les dernières images de son film.

Céline sera invitée à chanter *My Heart Will Go On* à la cérémonie des Oscars. Ce soir-là, le film

Titanic rafle 11 statuettes, dont celle attribuée à la meilleure bande sonore. C'est donc un second Oscar pour Céline !

Alors que sa carrière en anglais ne cesse de croître, Céline fait un petit détour par la France pour retrouver son complice Jean-Jacques Goldman. Elle concocte avec lui 12 nouvelles chansons qui composent *S'il suffisait d'aimer*.

À cette époque, tout ce que touche Céline se transforme en or. Cet album en français est un succès. Et la tournée *Let's Talk About Love* bat son plein dans les plus grandes salles du monde. De plus, l'année 1998 se termine avec un autre beau succès, celui de l'album de Noël *These Are Special Times*. Bref, tout va pour le mieux.

Pourtant, un gros nuage gris plane au-dessus de la tête de Céline et de René. Une épreuve viendra bientôt compromettre ces moments de bonheur.

18

LE GROS NUAGE GRIS

Alors qu'ils sont dans un avion entre deux villes américaines, Céline remarque que René est préoccupé. Il se passe sans cesse la main dans le cou. En palpant le cou de son mari, Céline touche une masse dure.

« Mais qu'est-ce que c'est? J'aime pas ça, dit Céline.

— C'est sûrement rien », lui répond René.

Inquiète, Céline exige que René consulte un médecin rapidement. René lui promet de le faire dès le lendemain, à Dallas.

Le médecin décide de lui faire passer des examens. Peu après, on apprend que René souffre d'un cancer de la gorge.

Céline est démolie en apprenant la nouvelle. Elle ne peut pas supporter qu'il arrive un malheur à l'homme qu'elle aime. Que serait sa vie sans lui? Elle n'ose y penser. Elle décide de donner quand même son spectacle, le soir même.

Elle y parvient, même si c'est très difficile, car des pensées sombres lui traversent l'esprit. Elle a hâte de terminer son spectacle pour retourner auprès de René.

Un autre verdict inquiétant tombe dès le lendemain. Le cancer de René est grave et une opération d'urgence est inévitable. René devra aussi subir des traitements de chimiothérapie et de radiothérapie.

Les premiers mois suivant l'intervention chirurgicale, Céline reste aux côtés de son mari, même la nuit à l'hôpital. Mais les dates de la tournée mondiale de la chanteuse approchent et René exige qu'elle poursuive sa tournée.

Elle le fera. Alors qu'elle sera sur les plus grandes scènes du monde, son public lui livrera des messages d'encouragement et d'amour, pour elle et pour René. Lorsque Céline aperçoit des pancartes sur lesquelles on peut lire « On t'aime, René », elle est touchée en plein cœur. Grâce aux liaisons par satellite, René peut voir Céline sur scène un peu partout dans le monde. Il peut donc être témoin lui aussi de tout cet amour des admirateurs. Céline a même établi un code avec son homme. Chaque fois qu'elle se touche le bout du nez, c'est sa façon de lui dire « je t'aime ».

Peu à peu, dans les mois qui suivent, René va mieux. Il retrouve l'appétit, renoue avec ses passions comme le golf et le black-jack. De nouveaux examens révèlent même qu'il n'y a plus aucune trace du cancer dans son corps. La vie redevient douce.

Céline revient à Montréal où elle donne un spectacle le soir du 31 décembre. C'est au Centre Molson (aujourd'hui le Centre Bell) qu'elle va célébrer l'arrivée du nouveau millénaire. Elle ouvre son spectacle en chantant *My Heart Will Go On* et le termine avec *Ce n'était qu'un rêve*, la chanson par laquelle tout a commencé.

Cinq, quatre, trois, deux, un... Aux 12 coups de minuit, des milliers de ballons multicolores tombent du plafond de l'aréna. « Je vous souhaite la paix, l'amour et surtout la santé ! Bonne année, tout le monde, et je vous aime au *boutte* ! » lance Céline avant de disparaître.

Dans le Centre Molson, les admirateurs sont en larmes, tristes de voir partir leur idole. Céline a annoncé qu'elle se retire pour une période indéterminée. Elle quitte la scène avec l'idée de réaliser un nouveau rêve : avoir un premier enfant...

19

RENÉ-CHARLES

Les vacances de Céline débutent avec un événement heureux. Le couple, qui s'est resserré plus que jamais depuis la maladie de René, décide de renouveler ses vœux de mariage. Céline et René se remarient devant famille et amis au célèbre hôtel-casino Caesars Palace de Las Vegas. Le mariage a pour thème les mille et une nuits. Cela fait référence à un recueil de contes populaires arabes, un classique de la littérature.

Le couple veut maintenant avoir un enfant. Depuis son mariage en 1994, Céline a essayé de tomber enceinte de façon naturelle, mais sans y parvenir. La procréation médicalement assistée est la meilleure solution pour eux. Dès le mois de février, Céline entreprend donc des traitements.

Quelques mois plus tard, Céline et René annoncent au monde entier qu'ils attendent leur premier enfant. Les futurs parents sont plus qu'heureux et Céline l'exprime dans un communiqué aux journalistes : « Le bonheur ne se cache pas. Nous ne pouvons garder pour nous seuls ce trop grand et trop beau secret. Cette fois-ci, c'est vrai, je suis enceinte. »

Céline est très disciplinée durant sa grossesse. Elle mange bien, se repose, et René est aux petits soins avec elle. La future maman adore voir son ventre grossir et sentir bouger le bébé. Elle savoure son bonheur.

L'enfant est attendu pour la mi-février 2001, mais il se présente plus tôt que prévu. Dans la nuit du 21 janvier, le petit garçon se pointe le bout du nez. Il se prénommera René-Charles. René, en l'honneur de son papa, et Charles, à la mémoire du grand-père paternel de Céline.

Céline passe les mois suivants chez elle, en Floride, à s'occuper de son fils. Elle découvre aussi les joies de la vie à la maison. Elle se lance même dans la cuisine, chose qu'elle n'a jamais faite

auparavant à cause de son emploi du temps et de ses tournées.

Un jour, elle prépare un pique-nique pour souligner l'anniversaire de René. Elle organise tout elle-même, s'occupe autant des petits plats que de la décoration. Céline apprécie ces heures de tranquillité à la maison.

Si l'on excepte le baptême de René-Charles, Céline ne fait que de rares apparitions publiques avec son fils durant les premiers mois. Mais elle sort de l'ombre le 21 septembre, alors qu'elle participe au téléthon *America : A Tribute to Heroes*, à New York. Ce téléthon rend hommage aux héros ayant perdu la vie dans l'attentat terroriste commis au World Trade Center, le 11 septembre 2001, à New York.

Céline y chante avec beaucoup d'émotion l'hymne patriotique *God Bless America*. Son interprétation bouleverse des millions d'Américains. Céline est très ébranlée par les tristes événements qui ont secoué les États-Unis. Ce voyage à New York, si peu de temps après les attentats, alors que la ville est encore sens dessus dessous, restera à jamais gravé dans la mémoire de Céline. C'est l'un des moments les plus difficiles de sa carrière.

Après cette soirée riche en émotions, Céline rentre à Montréal où l'attendent son mari et son fils.

***

René-Charles est un enfant doux, attentionné et affectueux, qui comble ses parents et la famille en entier. Il marche à peine, mais il est déjà un adepte du golf. Il lance quelques balles avec son père. René, fier de son fils, s'amuse même à dire qu'il a « tout un *swing* » à qui veut bien l'entendre.

L'enfant se passionne aussi pour les voitures. Dès qu'un invité se pointe, il demande les clés de sa voiture et, sous la supervision de celui-ci, il s'amuse à démarrer le moteur.

René-Charles a aussi un sens inné du *show-biz*. Il aime donner de petits spectacles pour les gens de son entourage, au grand plaisir de Céline et René qui constatent que la pomme n'est pas tombée bien loin de l'arbre.

Finalement, après deux années sabbatiques, un gros projet de tournée se profile à l'horizon. La petite vie bien calme de la famille risque d'être bousculée. Mais Céline s'interroge... Avec les nombreux voyages, les tournées et les projecteurs constamment braqués sur elle, il sera difficile d'offrir une vie normale à son fils.

Et si, au lieu de se déplacer constamment d'une ville à l'autre, elle laissait plutôt son public venir à elle? L'idée fait son chemin dans sa tête et dans celle de René.

20

VIVA LAS VEGAS!

Après deux ans dans l'ombre, il est temps pour Céline de retourner en studio afin d'enregistrer son prochain disque. Il s'agit de son vingt-troisième en carrière et il sera en anglais.

La chanteuse trouve difficile de s'éloigner de son fils et de le confier à une gardienne. Pourtant, elle sait bien que le temps est venu de reprendre sa carrière. Elle tente de concilier le mieux possible sa vie de mère et son métier de chanteuse. René-Charles est donc souvent en studio avec ses parents ou dans les coulisses d'un spectacle.

L'album *A New Day Has Come* sort en mars 2002. Le disque se vend bien, mais pas autant que les précédents, les activités promotionnelles étant moins importantes.

Puis Céline annonce une grande nouvelle. Il n'y aura pas de tournée pour *A New Day*, mais un spectacle. Il sera présenté en résidence, dans un amphithéâtre construit sur mesure et baptisé le Colosseum du Caesars Palace. Bâtie au coût de 95 millions de dollars, la salle permettra d'accueillir 4000 personnes chaque soir.

Céline s'investit pleinement dans la préparation de ce grand spectacle. Elle sera accompagnée de plusieurs danseurs sur scène. Soixante-dix artistes de toutes les disciplines feront partie du spectacle mis en scène par Franco Dragone,

homme d'affaires et directeur artistique qui a signé plusieurs spectacles du Cirque du Soleil.

La parution d'un nouvel album, *One Heart*, coïncide avec la grande première du spectacle à Las Vegas, le 25 mars 2003. Dès le lendemain, les critiques sont élogieuses. On acclame le retour de la grande Céline Dion, « plus en voix que jamais ». Les médias parlent d'une « réussite parfaite, alliant à la fois chant, danse, acrobaties, arts de la scène, théâtre et une technologie du dernier cri qui en met plein la vue au public ». On souligne les chorégraphies énergiques et modernes de Mia Michaels, et même les costumes de Céline, dénichés par sa fidèle collaboratrice, la styliste québécoise Annie Horth, qui font rêver et jaser.

Cette vie à Las Vegas est parfaite pour la maman. Elle peut passer ses journées avec son fils, le mettre au lit et arriver le soir quelques minutes avant le spectacle. Elle fera cette petite routine cinq soirs par semaine pendant quelques années.

Alors qu'elle triomphe à Las Vegas, Céline réserve une autre belle surprise à ses *fans* francophones. Elle lance *1 fille & 4 types*, un disque qu'elle a enregistré secrètement avec Jean-Jacques Goldman alors qu'elle se trouvait en Belgique pour les répétitions du spectacle *A New Day*.

En cette fin d'année 2003, Céline triomphe autant sur scène à Las Vegas qu'à la radio. Les stations anglaises font jouer en boucle *I Drove All Night*, chanson empruntée à la chanteuse américaine Cyndi Lauper. Du côté francophone, la pièce *Tout l'or des hommes* est sur toutes les ondes.

Malgré les succès et cette nouvelle vie qui lui sourit, c'est sur une note triste que Céline termine l'année. Son père, Adhémar, décède des suites d'une longue maladie, chez lui, à Laval.

Céline reste sans voix, elle a le cœur lourd. Son père, son premier admirateur, n'est plus. Ce soir-là, elle décide de monter tout de même sur la scène à Las Vegas. C'est avec un bon lot de larmes et d'émotions que la chanteuse donne son spectacle. Entre deux chansons, elle s'adresse au public.

« Depuis que je suis une petite fille, mon père était mon plus grand *fan* et il le restera. Je sais qu'il voudrait que je sois ici, sur scène ce soir, avec ceux que j'aime. Je vais donner tout ce que j'ai et lui dédier ce spectacle », dit Céline qui, quelques mois plus tôt, disait adieu à une autre figure paternelle. Eddy Marnay est décédé en janvier 2003.

Quelques mois après la disparition de ces deux hommes importants dans sa vie, deux événements confirment l'envergure de la carrière de Céline. Le premier a lieu au début de 2004, alors qu'elle reçoit son étoile sur le célèbre trottoir *Walk of Fame* à Hollywood. Un privilège réservé exclusivement aux grandes stars de la musique, de la télévision et du cinéma.

Quelques mois plus tard, Céline reçoit la récompense suprême : elle est couronnée aux World Music Awards. Elle y reçoit le prix Chopard Diamond attribué à la chanteuse ayant vendu le plus d'albums dans toute l'histoire de la musique, dépassant même la reine de la pop, Madonna.

Céline est alors considérée comme la plus grande chanteuse de la planète. Son spectacle *A New Day* est un franc succès et on se déplace de partout dans le monde pour le voir. L'aventure se poursuit jusqu'au 15 décembre 2007. Céline présente ce soir-là son 723e spectacle à guichets fermés.

Dès le lendemain, un nouveau projet est à l'ordre du jour : une tournée mondiale la transportera, avec sa famille, sur cinq continents.

21

UN TOUR DU MONDE
EN FAMILLE

Céline a beau avoir beaucoup voyagé au cours de sa carrière, elle n'a pas vu du pays pour autant. Son horaire chargé l'oblige souvent à passer le plus clair de son temps en avion, dans les hôtels, les salles de spectacle et les studios de télévision.

Cette tournée mondiale est en quelque sorte l'occasion rêvée de découvrir le monde avec René-Charles qui a maintenant 7 ans. Mais, attention : pas question de donner des spectacles chaque soir. L'horaire sera plutôt aéré. Il y aura quelques jours de congé entre les spectacles pour que les membres de la famille puissent passer du temps ensemble.

La tournée *Taking Chances*, portant le même titre que l'album paru quelques mois plus tôt, débute le 14 février 2008 à Johannesburg, en Afrique du Sud.

Céline participe alors à un concert-bénéfice de la Fondation Nelson Mandela.

Elle réalise ce jour-là un grand rêve, celui de rencontrer en personne l'homme d'État sud-africain. Ce sera l'une des rencontres les plus mémorables de cette tournée. Céline est touchée par la grandeur d'âme et la force intérieure de cet homme remarquable. Nelson Mandela fut l'un des principaux combattants contre l'apartheid (une politique raciste obligeant les Blancs et les Noirs à vivre séparément). Il a été emprisonné pendant 27 ans dans des conditions très dures. Céline a pu visiter avec René-Charles la prison où Mandela a séjourné. La mère et le fils ont été bouleversés à la vue de la petite cellule où l'homme a survécu aux pires conditions de vie.

Pour Céline et sa mère, Thérèse, qui est aussi du voyage, le séjour en Afrique sera marquant. Elles sont conquises par la joie de vivre de ces populations qui pourtant sont souvent privées de l'essentiel.

Après neuf spectacles dans des villes d'Afrique, Céline et son équipage prennent la direction des Émirats arabes unis, un pays très riche du Moyen-Orient. Puis cap sur l'Asie avec des arrêts à Tokyo et à Osaka, deux grandes villes du Japon. Céline est accueillie en véritable reine partout où elle passe.

Depuis que son père lui a offert un appareil photo, René-Charles est devenu le photographe officiel de la famille. L'enfant s'affaire tout au long du voyage à immortaliser les visages et les paysages, sous l'œil amusé de ses parents.

Prochaine destination : l'Australie. Céline et René-Charles y prendront un malin plaisir à observer les kangourous. C'est à Sidney, entourée de ses proches et de son équipe, que Céline célèbre ses 40 ans. Elle est plus heureuse que jamais.

On repart ensuite pour la Chine et la Malaisie, puis on fait des haltes aux quatre coins de l'Europe. Céline y passe beaucoup de beaux moments avec son fils. À Paris, elle l'emmène à la tour Eiffel. À Bruxelles, ils visitent les cuisines d'une chocolaterie. À Londres, ils se baladent et vont dans les magasins de jouets.

Mais Céline prend part aussi à des événements plus officiels. Lors de son passage à Paris, elle reçoit la Légion d'honneur, la plus haute décoration honorifique française, des mains du président de la République, Nicolas Sarkozy. Au populaire musée Grévin, on dévoile la statue de cire de René Angélil, qui trône désormais auprès de celle de Céline.

La tournée se pose ensuite aux États-Unis où Céline visite plusieurs grandes villes. Ensuite, c'est le retour au bercail. Elle donnera plusieurs spectacles à Montréal et à Québec. À l'issue de cette tournée, Céline aura visité 23 pays et 93 villes.

Le 22 août 2008, Céline donne un concert sur les plaines d'Abraham, à Québec, à l'occasion du 400e anniversaire de la ville. Elle chante ce soir-là devant 250 000 personnes qui envahissent le site historique. Elle interprète des chansons de son répertoire français et des grandes chansons populaires en compagnie d'artistes du Québec qu'elle admire particulièrement, dont Éric Lapointe, Nanette Workman, Garou, le groupe Mes Aïeux et plusieurs autres. À la fin du spectacle, Céline réalise un grand rêve : elle chante avec une de ses idoles, Ginette Reno.

Les deux plus grandes voix du Québec chantent ensemble *Un peu plus haut*, sous le regard heureux de Jean-Pierre Ferland, l'auteur de la chanson. L'ambiance est magique, la foule est émue d'assister à ce moment historique. À la fin, Céline fond en larmes dans les bras de son idole.

Un autre événement mémorable attend Céline à Québec. L'Université Laval lui remet un doctorat *honoris causa* pour l'excellence de son parcours artistique et sa carrière magistrale. Céline reçoit cette récompense avec beaucoup d'émotion. Un doctorat *honoris causa* est un titre honorifique décerné par une université ou une faculté à une personnalité éminente.

« Si vous me décernez cet honneur parce que j'ai bien fait les devoirs que la vie a mis sur mon chemin, alors je l'accepte avec plaisir. »

En coulisse, Céline confie aux journalistes qu'elle n'a pas fait de longues études, que son école à elle fut celle de la vie. Mais elle compte bien encourager son fils René-Charles à poursuivre sa scolarité.

Après avoir fait le tour du monde, Céline n'a qu'une envie, se retirer un peu et prendre quelques mois de repos. René et elle ont un objectif bien précis en tête, celui d'agrandir la famille.

22

NELSON ET EDDY

Durant les mois qui suivent, Céline met tout en plan afin de réaliser son rêve d'être de nouveau maman. Elle a encore une fois recours à la fécondation médicalement assistée. Cette expérience est très éprouvante, physiquement et moralement. D'autant plus que rien ne se passe comme prévu. Cette fois, il faut six tentatives pour obtenir enfin un résultat positif. Mais une belle surprise attend Céline : elle donnera naissance non pas à un, mais à deux petits garçons !

Eddy et Nelson sont nés le 23 octobre 2010 au St. Mary's Medical Center de West Palm Beach, en Floride. Les parents sont aux anges et René-Charles est comblé d'avoir deux nouveaux petits frères pour lui tenir compagnie. Les jumeaux sont baptisés Eddy et Nelson en l'honneur de deux hommes marquants dans la vie de Céline : Eddy Marnay, premier parolier et mentor ; et Nelson Mandela.

À peine quelques mois après la naissance des jumeaux, Céline retourne au travail. Un autre défi de taille l'attend. Elle prépare un autre spectacle en résidence à Las Vegas. Heureusement, elle est bien entourée. Sa sœur Linda est comme une seconde mère pour les enfants, et trois nounous épaulent la petite famille. Cela permet à Céline de se produire sur scène. Du haut de ses 9 ans, René-Charles prend son rôle d'aîné au sérieux et veille sur ses deux petits frères.

Le nouveau spectacle, intitulé *Celine*, devait d'abord rester à l'affiche pendant trois ans au Colosseum du Caesars Palace. Mais la réponse du public est si forte qu'il est renouvelé jusqu'en 2019.

En juillet 2013, Céline profite de la relâche estivale de son spectacle pour aller donner un concert inédit sur les plaines d'Abraham. Ce dernier est majoritairement en français et a pour titre *Une seule fois*.

« Bonsoir, Québec ! Êtes-vous là ?... Quel bonheur d'être ici ! C'est impossible pour moi de vivre longtemps sans revenir ici, dans mon pays et vers mes origines », lance Céline avant d'entamer la chanson *Ce n'était qu'un rêve*.

Céline quitte le Québec dans les heures qui suivent le spectacle, le cœur rempli de l'amour de son premier public. Elle est entourée de ses trois fils et de son époux. Pourtant, l'avenir s'annonce sombre. La maladie frappe à nouveau l'homme qu'elle aime.

23

DES TEMPS DIFFICILES

Le jour du 19e anniversaire de mariage de Céline et de René, la chanteuse est dans les studios de l'émission américaine *The Voice*, dont elle est l'artiste invitée. Alors qu'elle est en pleine répétition de la pièce *Incredible* avec le chanteur Ne-Yo, elle remarque dans le regard de René que quelque chose ne va pas. Dès que la chanson est terminée, elle s'empresse d'aller le retrouver dans sa loge.

« Le médecin vient de m'appeler, le cancer de la gorge est revenu, lui dit René et je ne sais vraiment pas ce que l'avenir me réserve. »

Ce jour-là, tout s'effondre de nouveau pour Céline et René qui doivent une fois de plus affronter la maladie. Cette fois-ci, Céline sait qu'elle doit être encore plus forte, pour ses fils.

René se fait opérer dans les jours qui suivent. L'intervention chirurgicale est majeure et son état se détériore au point où il perd complètement l'usage de la parole et qu'il ne peut plus s'alimenter seul.

Céline est désemparée, mais continue tout de même de donner ses spectacles le soir. Mais après un certain temps, cette routine devient trop exigeante. Afin de rester auprès de son mari et de ses enfants, elle décide d'interrompre les représentations à Las Vegas et de suspendre la tournée qu'elle devait faire en Asie.

« Mon mari a besoin de moi », dit-elle en entrevue. Aux côtés de René, elle le nourrit et prend soin de lui. Elle l'accompagne lors de ses traitements médicaux à Boston.

Céline reste auprès de son homme pendant plusieurs mois. Elle tente de l'aider et de le soulager du mieux qu'elle peut. Quelques mois plus tôt, René a confié la gestion de la carrière de Céline à son ami et complice, Aldo Giampaolo. René a choisi de se consacrer pleinement à sa bataille contre le cancer. Mais, comme c'est plus fort que lui, il continue tout de même à donner son avis sur les décisions concernant la carrière de son épouse.

À l'été 2015, Céline annonce qu'elle sera de retour sur scène, à Las Vegas, à la fin du mois d'août. En à peine quelques heures, les premiers billets s'envolent. Les admirateurs se sont ennuyés de leur chanteuse et ils le lui prouvent bien. Plusieurs Québécois se déplacent à Las Vegas pour le soir de première.

Le 27 août, Céline revient enfin sous les projecteurs pour une série de 40 concerts qu'elle dédie à son mari. « Si je suis de retour aujourd'hui, c'est parce qu'il a insisté et qu'il veut absolument me revoir sur scène », dit la chanteuse avec beaucoup d'émotion.

Autour de Céline, il y a de nombreux changements, autant dans le spectacle que sur scène. Céline est désormais entourée de quelques nouveaux musiciens. Claude « Mégo » Lemay, son vieux complice et chef d'orchestre de toujours, n'est plus à ses côtés. C'est désormais Scott Price, un autre vieux routier, qui l'accompagne.

Annie Horth revient au stylisme. C'est elle qui déniche les tenues que Céline porte lors de ses spectacles, dans les divers événements et aussi dans sa vie de tous les jours.

En entrant sur scène, Céline dit à son public : « Je n'étais pas certaine d'être prête, mais il faut s'engager… La passion est toujours là et j'ai réussi à trouver la force intérieure. »

Elle offre ce soir-là une performance remarquable, au grand plaisir de ses admirateurs et de René qui, à quelques pas de là, dans la résidence familiale, savoure la joie de revoir sa grande Céline sur scène. Thérèse est aussi dans la salle et René-Charles, du haut de ses 14 ans, veille au grain. Il est très impliqué dans la carrière de sa mère. Il remarque chaque détail. René aura certainement une relève.

24

RETOUR AU BERCAIL

À la fin de l'année 2015, on entend la voix de Céline à la radio québécoise. En effet, elle interprète, en duo avec Fred Pellerin, la chanson *L'Hymne* tirée du film *La Guerre des Tuques 3D*. Après avoir entendu cette chanson chantée par Fred Pellerin, Céline, emballée, avait proposé d'ajouter sa voix à celle de ce chanteur qu'elle aime particulièrement.

Céline a toujours adoré *La Guerre des Tuques* parce que ce film lui rappelle son enfance en milieu rural. D'ailleurs, elle le regarde en boucle avec ses fils.

La proposition de Céline surprend Éloi Painchaud et Jorane, les réalisateurs de l'album, qui acceptent avec plaisir sa participation. *L'Hymne* a été enregistrée en secret avec une chorale dans un collège de Boston. Les enfants savaient qu'ils allaient accompagner une chanteuse, mais ils ignoraient de qui il s'agissait.

Difficile de décrire la surprise et les sourires qui ont illuminé ces visages au moment où a surgi nulle autre que Céline Dion. Après tout, ce n'est pas tous les jours qu'on a la chance de joindre sa voix à celle de la plus grande chanteuse du monde. Céline aime les surprises et adore apparaître là où on l'attend le moins.

***

L'année 2016 débute sur une note très triste pour Céline, alors que René est emporté par le cancer. Il avait 73 ans.

L'annonce du départ de celui qu'on surnommait gentiment « le parrain du *show-business* » provoque une onde de choc au Québec, aux États-Unis et partout dans le monde. Les témoignages de sympathie fusent de toutes parts et apportent un peu de réconfort à Céline, à René-Charles, à Nelson et à Eddy. Ce sont des heures douloureuses pour toute la grande famille Dion qui, quelques heures plus tard, pleure aussi le décès de Daniel, un des frères de Céline, le huitième enfant du clan.

Au Québec, les drapeaux sont en berne et des funérailles nationales sont organisées en l'honneur de René Angélil. La dépouille est exposée en chapelle ardente à la basilique Notre-Dame de Montréal où, pendant une journée entière, des milliers de personnes se déplacent et attendent plusieurs heures dehors, malgré le froid, pour rendre un dernier hommage à René et pour appuyer Céline et sa famille dans cette épreuve.

Des fidèles admirateurs sont venus de Californie, de France, d'Argentine, de partout. Céline, derrière son voile, passe plusieurs heures à accueillir les gens, échangeant des regards et quelques mots avec chacun d'eux. Les images captées par les caméras de télévision font le tour du monde et atterrissent même en couverture des plus grands magazines comme *Paris Match, Gala* et *People*.

Céline nous étonne une fois de plus par sa force et sa générosité. Elle communique même par la langue des signes avec des sourds-muets venus lui offrir leurs condoléances. Céline a appris ce langage gestuel au cours des derniers mois afin de mieux communiquer avec René, rendu muet et presque sourd par la maladie.

Le lendemain, lors des funérailles, plusieurs artistes, sportifs, politiciens et dignitaires se déplacent pour dire un dernier au revoir au « plus grand gérant de la planète ». C'est à l'endroit où ils se sont mariés, plus de 20 ans plus tôt, sur le même tapis bleu, que Céline fait ses adieux à son cher René, l'homme de sa vie.

Elle a écrit ces quelques mots pour lui rendre hommage : « J'ai compris que ma carrière était d'une certaine manière son chef-d'œuvre, sa chanson, sa symphonie à lui. L'idée qu'elle puisse rester inachevée l'aurait peiné terriblement. J'ai compris que, si jamais il disparaissait, je devais continuer, sans lui et pour lui. »

Malgré les épreuves semées sur sa route, en 35 ans de carrière la petite fille de Charlemagne est devenue la plus grande chanteuse de la planète. Tout cela, elle le doit à son talent unique, à sa volonté et à une discipline de fer. Mais elle le doit aussi à l'audace et à la perspicacité de René qui, de là où il se trouve désormais, continuera assurément à veiller sur sa femme et ses enfants.

Qu'elle soit au Québec, à Las Vegas ou à l'autre bout de la planète, Céline n'est jamais loin du cœur des Québécois. Elle est leur plus grande ambassadrice et l'un des plus beaux modèles de réussite.

Il y a fort à parier que lors de sa prochaine visite au Centre Bell, Céline verra une fois de plus des écriteaux dans les mains de ses admirateurs qui diront simplement : « On t'aime, Céline ! » « Bon retour à la maison ! » « Merci, Céline ! » « On est avec toi ! »

De simples mots sur des cartons blancs, qui témoigneront une fois de plus de la grande histoire d'amour que vit Céline avec le Québec et avec ses admirateurs du monde entier.

CHRONOLOGIE

1967   Montréal vit au rythme de l'Expo 67, l'exposition universelle qui a pour thème « Terre des Hommes ».

1968   *Naissance de Céline Marie Claudette Dion.*

1976   La gymnaste Nadia Comaneci obtient plusieurs notes parfaites de 10 lors des Jeux olympiques de Montréal.

1981   Lancement de MTV, une chaîne de télévision américaine spécialisée dans la diffusion de vidéoclips. Cinq ans plus tard apparaît Musique Plus, son pendant québécois.

1983   *Céline chante en France, au MIDEM, et participe à l'émission Champs-Élysées présentée par Michel Drucker.*

1984   Bob Geldof et Midge Ure composent la chanson *Do They Know It's Christmas ?*, de Band Aid, afin de collecter des fonds pour vaincre la famine qui sévit en Afrique.

1987   *Céline signe un contrat avec l'important label de disques CBS (qui devient plus tard Sony BMG) et lance l'album Incognito.*

1989   En Allemagne, on assiste à la chute du mur de Berlin qui a divisé la ville en deux pendant 28 ans.

1990   Libération de Nelson Mandela après 27 ans d'emprisonnement.

1993   **Céline chante à la cérémonie d'investiture du nouveau président des États-Unis, Bill Clinton.**

1994   *Mariage de Céline et de René à la basilique Notre-Dame de Montréal.*

1996   *Céline chante* The Power of The Dream *aux Jeux olympiques d'Atlanta.*

1997   Le film *Titanic*, du réalisateur canadien James Cameron, bat tous les records d'assistance au cinéma. Ce record sera surpassé en 2015 par *Star Wars. Le réveil de la force.*

1997   *Céline chante* My Heart Will Go On *à la soirée des Oscars.*

1997   Le 31 août, Lady Diana meurt dans un accident de voiture à Paris.

2000   *Céline et René se marient pour une seconde fois, à Las Vegas.*

2001   *Naissance de René-Charles, le premier fils de Céline et René.*

2003   L'émission *Star Académie* entre en ondes au Québec. Des millions de téléspectateurs sont au rendez-vous.

2003   *L'entreprise de produits de beauté Coty dévoile le premier parfum de Céline Dion.*

2003   *Céline débarque à Las Vegas avec un premier spectacle qui a pour titre* A New Day. *Elle donnera 723 représentations de ce spectacle à guichets fermés.*

2004   Les Expos de Montréal déménagent à Washington et la mascotte Youppi est transférée aux Canadiens de Montréal.

2008   *Céline entreprend un tour du monde qui la mènera dans 23 pays.*

2008   Élection de Barack Obama, le premier président afro-américain des États-Unis.

2009   Décès de Michael Jackson, le roi de la pop.

2010   *Naissance des jumeaux, Nelson et Eddy.*

2013   *Céline devient compagne de l'Ordre du Canada lors d'une cérémonie à la citadelle de Québec.*

2014   *La maison d'enfance de Céline, à Charlemagne, est démolie.*

2016   Après plus de 100 ans d'existence, le journal *La Presse* cesse de produire son édition papier, sauf le samedi.

2016   *Le 14 janvier, René Angélil meurt des suites d'un cancer.*

DISCOGRAPHIE

La Voix du bon Dieu (1981)

Céline Dion chante Noël (1981)

Tellement j'ai d'amour... (1982)

Les Chemins de ma maison (1983)

Du Soleil au Cœur (1983)

Chants et contes de Noël (1983)

Mélanie (1984)

Les Oiseaux du Bonheur (1984)

Les Plus Grands Succès (1984)

C'est pour toi (1985)

Céline Dion en concert (1985)

Les Chansons en or (1986)

Incognito (1987)

The Best Of Celine Dion (1988)

Unison (1990)

Dion chante Plamondon (1991)

Celine Dion (1992)

The Colour of My Love (1993)

Les Premières Années (1993)

À l'Olympia (1994)

D'eux (1995)

Falling into You (1996)

Live à Paris (1996)

Let's Talk About Love (1997)

S'il suffisait d'aimer (1998)

These Are Special Times (1998)

Au Cœur du Stade (1999)

All The Way... A Decade of Song (1999)

A New Day Has Come (2002)

One Heart (2003)

1 fille & 4 types (2003)

A New Day : Live in Las Vegas (2004)

Miracle (2004)

On ne change pas (2005)

D'elles (2007)

Taking Chances (2007)

My Love : Essential Collection (2008)

Taking Chances World Tour : The Concert (2010)

Sans attendre (2012)

Love Me Back To Life (2013)

Une seule fois : Live (2013)

BIBLIOGRAPHIE

CHATELLE, Marc. *La naissance d'une étoile*, Montréal, Éditions Québecor, 1983.

DION, Céline, HÉBERT-GERMAIN, Georges. *Ma vie, mon rêve*, Montréal, Éditions Robert Laffont, 2000.

GLATZER, Jenna. *For Keeps*, États-Unis, Éditions Becker & Mayer, 2005.

HÉBERT-GERMAIN, Georges. *Céline*, Montréal, Éditions Libre Expression, 1997.

MASSICOTTE, Diane. *Céline : Au-delà de l'image*, Montréal, Éditions Les Intouchables, 2010.

SCHACHMES, Gérard. *Céline autour du monde*, Montréal, Éditions Libre Expression, 2009.

LES COLLABORATEURS

Patrick Delisle-Crevier avait 6 ans lorsque sa voisine Violette lui a offert une pile de magazines *Le Lundi*. Il adorait déjà l'univers merveilleux de la télévision, mais, là, ce fut le coup de foudre! Dès lors, il n'a plus joué aux petites voitures ni au ballon-chasseur. Il jouait maintenant à être journaliste et ses oursons en peluche ont été les premières vedettes qu'il a interviewées. À l'adolescence, il a écrit une cinquantaine de textes pour la chronique *La « Jeune » Presse* dans *La Presse*. Après des études en communication, il a travaillé comme recherchiste pour plusieurs émissions de télévision. Par la suite, il a collaboré au magazine *La Semaine*. Aujourd'hui, il est journaliste pour les magazines *7 Jours* et *Le Lundi*. Il collabore également au journal *24 h*, au *TV Hebdo* et à l'agence QMI. Il est l'auteur de *Raconte-moi Marie-Mai* et *Raconte-moi Joey Scarpellino*, dans la même collection.

François Couture dessine depuis qu'il est tout jeune. À 13 ans, il suivait déjà des ateliers destinés aux adultes, pour apprendre à reproduire des modèles vivants. Grâce à une formation en arts plastiques et en graphisme, il a pu transformer son talent en métier. Son style d'illustration, à la fois réaliste et parfois apparenté à la bande dessinée, est aujourd'hui apprécié de ses nombreux clients, principalement en publicité, mais aussi dans le domaine du spectacle et des grands événements d'envergure internationale.

TABLE DES MATIÈRES

DANS LA MÊME COLLECTION

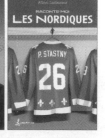

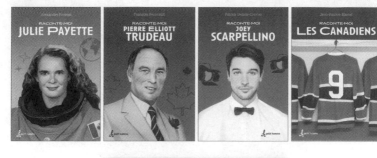

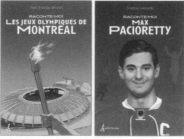

Suivez-nous sur le Web

Consultez nos sites Internet et inscrivez-vous à l'infolettre
pour rester informé en tout temps de nos publications et
de nos concours en ligne. Et croisez aussi vos auteurs
préférés et notre équipe sur nos blogues !
EDITIONS-PETITHOMME.COM
EDITIONS-HOMME.COM
EDITIONS-JOUR.COM
EDITIONS-LAGRIFFE.COM

Cet ouvrage a été achevé d'imprimer
sur les presses de Marquis Imprimeur inc.